JN012229

労使トラブルを防ぐための

雇用契約書の
作り方・活用法

［第3版］

保険サービスシステムHD株式会社
保険サービスシステム社会保険労務士法人　著

税務経理協会

■ 雇用契約書は労使のコミュニケーションツール

◎労使関係の変化に対応できていない経営者

　人事・労務管理のトラブルが急激に増えています。それはなぜでしょうか。端的にいえば，労使関係を取り巻く環境と意識が昔とは様変わりしているからです。

　労働基準法をはじめとする労働法のことがよくわからず，法律違反を犯すつもりはなくても，違法な状態でサービス残業をさせているというようなケースは，昔からよくありました。それでも表立ったトラブルに発展しなかったのは，経営者と社員が，あうんの呼吸で融通を利かせ合い，法律とは関係のないところで互いの信頼関係を築いてきたからと思われます。

　しかし，インターネットの普及や，働き方改革関連法に関する報道などもあって，労働法についての情報が出回るようになり，労働者の権利意識は以前とは比べものにならないくらい強くなっています。

　このような社会の変化に，会社の経営者が対応できていない部分もあります。「労働法は小難しい。知らなくても自分の経営方針は社員ならわかってくれるはず」とたかをくくってはいないでしょうか。

　例えば，社長が「これくらい給料をはずむから，毎日朝早く来て準備しておけよ」と，残業時間や残業代を度外視して給与を決めた場合に，昔なら「かわいがってくれるから，しかたない」と思う社員がいたかもしれませんが，今の社員は不信感を募らせるだけかもしれません。そしてそのうち，「仕事が遅い。会社にいてもいいけど，残業代込みでこの給料にする」と，経営者としてはそれなりの配慮をしていたつもりの社員から，未払い残業代を請求されるような羽目になるのです。

◎就業規則の整備だけでは不十分

　労使トラブルなどに備えて就業規則を整備する会社も多くなってきました。会社のルールを決め，ルールブックである就業規則を整備するのはとても大切なことです。しかし，肝心の雇用契約書を交わす際に，そのルールを伝えないのでは，あと一歩足りません。

　契約という意味で同じ保険契約と比較してみましょう。保険契約では，パンフレットなどで顧客がその内容をわかっていても，契約書を交わす際には，保険の営業マンは，重要な事項を改めて読み上げ，顧客とともに確認した事項をチェックしてから，承諾の印であるサインをもらいます。このようなプロセスを経ていれば，「事前に聞いてなかった」といったトラブルを防止することができます。

　トラブルの未然防止という観点では，雇用契約だって同じです。入社後に社員がルール破りの行動をとったとしても，それは初めにきっちりとルールを伝えなかった会社の責任であり，「ルールを知らなかった」という社員を簡単に辞めさせることはできません。

◎雇用契約書で雇入れ時から退職までのルールを示す

　こう見ていくと，労使トラブルを防ぎ，今どきの社員たちと良好な関係を保つための道筋がわかってきます。まず，法定のルールを知ること，それに沿って就業規則を整備すること。それだけでなく，人を雇い入れるときは，就業規則・労働条件を示して，相手に「わかりました。そのルール，その条件で働きます」と約束してもらうこと。この最終段階の「約束」のツールとなるのが，雇用契約書なのです。

　ただし，雇用契約書も使いようです。雇入れ時の主な労働条件を通知さえすれば，その他の細かい条件や，変更，解消（退職）については，「多少ルールがあいまいでも社員がそのときそのとき説明すれば納得してくれるよね」と考えるのはもはや古いかもしれません。今では「労働条件が初めの話とは違う」ということが，社員の不信感を生み出し，労使トラブルに発展する要因となります。一方で，「細かいルールを知らなかった」と言い訳する問題社員を野放しにすることにもなるのです。

したがって，雇用契約書を交わす際は，会社のルールや労働条件をできる限り細部まで明確にし，雇入れ時だけでなく途中の変更の可能性や解消時までのルールや手続きを，相手が納得するように伝えることがとても大切になります。

◎社員には細かな対応を－コミュニケーションがカギ

　会社にとって「対応に困る」社員をひっくるめて「問題社員」と呼ぶことがあります。しかし，この使い方には少し配慮が必要かもしれません。

　例えば，うつ病などのメンタルヘルス不全にかかった人は，確かに休みが長引いて戦力にはならないのですが，病気の一つだということも考えてあげなくてはいけません。また，未払い残業代を請求してくる社員は，会社としてはむっとするのはわかるのですが，社員の目線で見れば，ごくごく当然の権利を主張しているだけなのです。

　そのような人たちと，「労働時間をごまかして残業代を請求する」「仕事はしないのに権利ばかり主張する」「前の会社での病歴やトラブルを隠して入社し，また同じトラブルを繰り返す」「勤務態度が悪く，周りの社員のモチベーションまで下げる」といった，明らかに問題のある行動をとる社員とは，一線を画して対応するべきなのかもしれません。

　本書では，雇用契約書の効果的な書き方，雇用契約書の活用法などをあますところなくお伝えしていきます。ただ，読み進めていくと，雇入れ時に雇用契約の内容を相手につまびらかに説明して納得してもらうのも，どのような社員かを見極めるのも，1年に1回雇用契約の確認を行うのも，つまるところはコミュニケーションだということにお気づきになるかと思います。

　雇用契約（書）を単なる契約・書類ととらえずに，労使の意思疎通をスムーズにするコミュニケーション術としてご活用ください。

も　く　じ

第2章　雇用契約の入り口　〈採用〜入社〉

第3章　雇用契約の内容 〈労働時間・賃金〉

第4章　雇用契約の出口　〈解雇・退職〉

付　録

第 1 章

雇用契約の基礎知識

雇用契約って何？

労使は権利・義務関係で結ばれている

■ 雇用契約は会社と社員との約束で成立

そもそも雇用契約とは何か，というところからお話しましょう。

雇用契約は，社員が会社の指揮命令に従って仕事をすること，対して会社が社員に賃金を支払うことを互いに約束することで，成立します。

「雇用契約」は「労働契約」とも呼ばれます。「雇用契約」は民法上で規定された言葉で，「労働契約」は労働基準法に基づいて規定された言葉です。厳密に区別するとややこしいので，本書では「雇用契約」に統一して話を進めていきます。

■ 労働法で定められた義務・権利

雇用契約で結ばれた会社と社員は，お互いに「自分がするべきこと（義務）」と「相手にしてもらうべきこと（権利)」を認め，協力していく共同体の中にいるといえます。

この共同体が崩れないように営まれていくには，会社が初めに互いの義務や権利をルール化し，社員の同意をとる必要があります。ただ，会社本位でなんでもルールづけできるわけではなく，最低限の社員の権利は，労働基準法をはじめとする労働関係法で定められています。

また，最近では労働契約法に定められた安全配慮義務などの付随義務にも注意しなければなりません。

◇雇用契約関係とは

会社の指揮命令に従
い労務を提供する

←

誠実義務
（秘密保持・競業避止等）

会社	社員

賃金を支払う

→

安全配慮義務

※関連条文

労働契約法

第3条

労働契約は，労働者及び使用者が対等の立場における合意に基づい
て締結し，又は変更すべきものとする。

2　労働契約は，労働者及び使用者が，就業の実態に応じて，均衡
を考慮しつつ締結し，又は変更すべきものとする。

3　労働契約は，労働者及び使用者が仕事と生活の調和にも配慮し
つつ締結し，又は変更すべきものとする。

4　労働者及び使用者は，労働契約を遵守するとともに，**信義に従
い誠実に**，権利を行使し，及び義務を履行しなければならない。

5　労働者及び使用者は，労働契約に基づく権利の行使に当たって
は，それを濫用することがあってはならない。

第5条

使用者は，労働契約に伴い，労働者がその生命，身体等の安全を確保しつつ労働することができるよう，必要な配慮をするものとする。

第6条

労働契約は，労働者が使用者に使用されて労働し，使用者がこれに対して賃金を支払うことについて，労働者及び使用者が合意することによって成立する。

2 雇用契約の始まりと終わりは?

始まりは互いの同意・終わりは退職日

■ 雇用契約は口約束でもスタートする

　雇用契約はいつからスタートするのでしょう。どういう手続きをすれば，会社と社員が雇用の「約束」をして，同じ共同体の一員としてスタートするといえるのでしょうか?

　この質問，経営者からも実にいろいろな答えが返ってきます。「雇用契約を書面で締結した日かな?」「入社した日だと思う」「口頭で合意したときだろう」などなど。現に社員を雇用している経営者でも，自信をもってはっきりと答えられる人は少ないかもしれません。

　正解は，「社員が会社のために働き，会社がその対価として報酬を支払うことをなんらかの方法で約束したとき」です。なんらかの方法には「口頭」での合意（口約束）も含まれます。

　会社の採用募集に応募した人の選考が終わり，会社が雇用したい人に対して「あなたを雇いたい」と文書や口頭で伝えることを**「内定」**といいますが，その内定通知に対して応募者が「お受けします」と承諾をすれば，この時点で雇用契約が成立するのです。

◇雇用の効力が始まるとき

> **民法第623条（雇用）**
> 雇用は，当事者の一方が相手方に対して労働に従事することを約し，相手方がこれに対してその報酬を与えることを約することによって，その効力を生ずる。

■ 会社から雇用契約を終わらせるのは難しい

それでは雇用契約の終わりはいつでしょうか。

これは簡単かもしれません。**退職日**です。**契約期間が定められている場合は，契約期間の満了時**です。期間に定めのない正社員の場合は，定年退職時になります。

イレギュラーで，雇用契約期間の途中で雇用契約が終了することもあります。社員側の意思によって終了することもあれば，会社側の意思で終了させることもあります。

前者では，「辞めたい」という社員の申込みを会社が承諾したら，退職が成立します。会社が承諾しなくても，民法上では2週間経過すれば退職が成立するとされています。

後者の，会社側の一方的な意思表示で終了させる場合を解雇といいますが，これはあとで無効になることがあります。社員が解雇に対して，「不当だ」と訴えて裁判所で認められたときです。

労働基準法，その他の法律や慣習に基づいて，裁判所は労働者保護を強く打ち出しています。解雇はほぼ失業を意味しますから，社員は生活の糧をなくして困ってしまいます。ですから，たとえ解雇の原因が社員側にあったとしても，**軽微な非違行為や能力不足などによる解雇は無効とされる可能性が高い**のです。

3 内定取消しと試用期間中の解雇は簡単？

雇用契約が成立すると解雇は難しい

■　内定の取消しは簡単ではない

　前項では，解雇はとても難しいとお話しました。

　「そうは言っても，内定通知を書面で出すまでは，雇用契約を撤回できるんでしょう？」「内定から入社までの間なら，まだ雇用契約は簡単に解消できますね？」と聞かれることがあります。

　残念ながら，そのような質問にはNOとお答えするしかありません。内定を採用選考の延長のようにとらえている経営者もいますが，内定を口頭で伝えて承諾を得た時点で雇用契約は成立しているのです。内定の取消しは，解雇に比べてややハードルが低いという見方もありますが，**どちらの場合も「客観的・合理的で社会通念上相当であると認められる理由」がなくてはできないもの**とされています。

　ですから，採用選考の中では口頭といえども，「採用します」と簡単に口に出してはいけません。「この人なら内定を出しても大丈夫」と思った応募者に対しても，必要書類を全部提出してもらった上で内定を出すなど，内定通知のタイミングには慎重を期すようにしてください。

■　試用期間中の本採用拒否も難しい

　これは，入社後の試用期間中でも同じことがいえます。試用期間は，社員の適格性を観察して評価するために設ける期間です。熱心に指導教育をする期間でもあります。この間であれば会社側の判断で自由に解雇ができる，という期間ではありません。

　試用期間は仮採用で，雇用を試用期間で打ち切る本採用拒否は比較的簡単だと考えている会社も多いようです。しかし，仮採用といっても試用期間は雇用契約が始まっていることに変わりがなく，**本採用拒否は解雇と同じく高いハードルがあります。**

　雇用契約の入り口にあたる内定と試用期間については，第2章で詳し

く説明していきましょう。

◇内定中も試用期間中も雇用契約は成立している

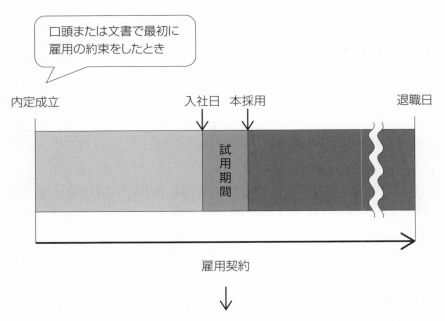

口頭または文書で最初に
雇用の約束をしたとき

内定成立　　　　　　　　入社日　本採用　　　　　　　退職日

試用期間

雇用契約

↓

内定の取消し,試用期間の本採用拒否は解雇と同じく難しい。

4 雇用契約は労働条件通知書ではダメなの?

労働条件通知書はリスクが高い

■ 最低限の明示事項と「通知」

雇用契約は口頭の合意（口約束）で成立します。ただし労働基準法により，採用する社員に対して書面で明示しなければならない事項が定められています（2019年4月1日以降については，本人が希望した場合は，FAX，電子メール，SNS等により明示することも可能となりました）。求人時の労働条件と実際の労働条件にズレがあることも多く，「採用時に最低でもこの項目だけは知らせて，労使の認識にズレがないようにしておきましょうね」ということです。

明示事項については，会社と社員が契約書や同意書を取り交わさなければならないという義務はないため，法律の必要最低限の項目のみを通知するだけの会社が多いのです。

■ 「通知」だけでは不十分

しかし，本来なら労使間で契約内容をしっかり確認し合わなければならない場面です。例えば，不動産を契約する際に，その細かい条件については書面で契約書を交わすでしょう。数千万円もする高い買い物だから，問題が起きないように書面で残すといえます。人の採用だって，「年収×勤続年数」で考えると相当な金額の買い物です。当然，労働条件通知書を交付するだけでは問題が残ります。

まず，「通知」という形式が危ういです。雇用契約の内容について労使間でトラブルになったとき，**会社が通知した契約内容について労働者が理解し，合意したかどうか**は裁判所も判断のポイントにします。合意がなかったとされれば，労働者の主張が認められやすくなります。会社が通知さえしなかったとなれば，ますます劣勢に立たされます。

このように，労働条件通知書は，社員からの，「労働条件を伝えてもらいました。そして，その内容にも合意しました」という意思表示が残

らず，その点で大きなリスクを抱えています。たとえ通知書を交付していても，「通知書はもらいましたが，その内容に合意したわけではありません」「もらいましたが，内容はよく確認していませんでした」などと言われる可能性があるわけです。もっと極端な話では，「通知書をもらっていません」と突っぱねられるかもしれません。なにしろ，特別に受領書を書いてもらわない限り，渡したという証拠がないのです。受領書があったとしても，受領したことの証拠であるだけで，内容について労働者が了承したと証明することはできません。

■ 契約期間中の変更に対応できない「通知書」

それに，サンプルとして出回るような，法律で定められた必要最小限の項目のみを記載された労働条件通知書であれば，確かに法律上の義務はクリアしていますが，社員に納得して働いてもらう根拠として，果たして十分といえるでしょうか。

例えば「昇給」に関する事項は，制度があれば明示する必要がありますが，いまどきは昇給だけでなく降給だって当然のように行います。でも，サンプルの労働条件通知書には「昇給」の項目しか設けられていません。だからといって「降給」について何も書かないでいると，後で「降給の制度が書かれていなかった」ともめることがあるのです。

また，労働条件通知書では，採用時，つまり雇用契約の入り口の時点での労働条件しか書かれていませんが，雇用契約は入り口だけではなく，退職するまで切れ目なく続くものです。その間，会社にだって，社員にだっていろいろな事態が起こるでしょう。事業の拡大，反対に事業縮小による事業所の閉鎖，社員の病気やケガ……。そんなとき，会社は配置転換，整理解雇，休職などの対処をしなければなりません。

でも，何か事態が起こって会社が対処しようとするたびに，「そんなこと聞いていません！」と抵抗する社員が出てこないとも限りませんし，その都度説得をしようにも大きな労力を要します。

であれば，契約時には，出口となる退職までの間に想定される事態について，できるだけの合意をとっておいた方が，後々スムーズに事が運

ぶのではないでしょうか。

　例えば，転勤の辞令は正社員なら業務命令として応じるべきと一般的に理解されていますが，最近では「契約になかった」と反発する社員も多いと聞きます。昔ならトラブルなど起きなかったようなルールについても，採用・入社時に事細かく説明し，社員の同意を得ておく必要があるのです。

　次項からは，リスクを回避する雇用契約書の作成ノウハウについてお伝えしていきます。

◇労働条件通知書では不十分な理由とは

「通知」しただけ

　合意の証拠が残らない

記載項目が必要最小限度

　説明項目が不足

契約締結時の契約内容だけ記載

　契約の始期から終期（退職）までを想定するべき。当たり前と思えるルールも説明する

◇会社が採用時に明示する法定の事項

◎**文書で必ず明示する事項**
- 雇用契約の期間（期間の定めの有無。期間の定めがある場合は契約期間など）
- 就業場所，仕事の内容
- 始業時刻・終業時刻
- 所定労働時間を超える労働の有無
- 休憩時間
- 休日・休暇
- 交代制勤務をさせる場合は就業時転換について
- 賃金の決定，計算・支払いの方法，締切り，支払いの時期
- 退職（解雇の事由を含む）

◎**パートタイマーには必ず文書で明示する事項**

左記の事項に加えて，
- 昇給の有無
- 退職手当の支給の有無
- 賞与の有無
- 相談窓口（相談担当部署など）

◎**制度がある場合に文書または口頭で明示しなければならない事項**
- 昇給
- 退職手当の定めが適用される労働者の範囲，退職手当の決定，計算・支払いの方法，支払いの時期
- 臨時に支払われる賃金，賞与，1か月を超える期間で支払われる賃金，最低賃金
- 社員に負担してもらう食費，作業用品などについて
- 安全衛生
- 職業訓練
- 災害補償および業務外の傷病扶助
- 表彰・制裁
- 休職

5 雇用契約書はこう作る・こう交わす

雇用契約書の作成ポイントは三つ

■ 雇用契約書の交わし方

雇用契約を，最低限の項目で埋めた労働条件通知書で済ませるのはリスクをはらんでいるということが，おわかりいただけたでしょう。

したがって，雇用契約では，単なる労働条件だけでなく，契約内容の将来の変更・修正といった事項までを労使双方が確認して合意を交わしたという書面を残してください。この書面が雇用契約書です。**雇用契約書は2通作成し，会社と社員の記名・押印をした上で，互いに1通ずつ保管**します。

できれば雇用契約書の内容について会社が一つひとつ説明して，社員に納得してもらうのがベストです。そこまで時間がとれないときは，重要な項目を説明し，他の項目については社員によく内容を読んでもらってから，署名をもらうようにするといいでしょう。社員から質問を受ける時間も設けます。

くれぐれも社員には雇用契約書を渡したその場で署名をしてもらうのはやめましょう。雇用契約書に限らず，他の誓約書等でも同じですが，後で「契約内容について，確認する時間もなくサインを強要された」と言われるかもしれません。雇用契約書はいったん持ち帰ってもらい，**社員が熟考できる時間を十分にとりましょう**。お互いの合意形成のための時間が大切なのです。

雇用契約書は同じものを2通作成し，署名・捺印をして，会社と社員が1通ずつ保管する。社員の署名が，「契約内容に合意した」という証拠になる。

■　法定の明示事項だけでは不十分

　「雇用契約書に書くのは法定の最小限の記載事項で十分。何か起こっても，そのときは社員が察して応じてくれるだろう」「就業規則に記載すれば大丈夫だろう」と考えてはいないでしょうか。

　確かに，多くの社員にはそれで通用するでしょうが，一部の社員に，「雇用契約書に同意した以外のことは，知りませんでした。同意できません」と答えられたら，会社側は手も足も出ないのです。そして，その一部の社員が他の社員を巻き込んで，騒ぎを大きくしていくかもしれません。

　前項の24ページで示した採用時の明示事項は法定の最小限の記載事項です。それではとうてい十分とはいえません。それに，あくまで労働条件を「通知」しただけです。

　では，雇用契約書にはどのようなことを書けばいいのでしょうか。

　ここでは，雇用契約書の作成ポイントをお伝えしましょう。具体的な記載例は，第5章で説明します。

■　雇用契約の作成ポイント

　大きく三つのポイントを挙げてみました。

POINT 1　雇用期間中に起こる事態・リスクを想定してできるだけ多くの合意をとる

　事業の拡大・縮小，社員の病気，ケガなどのトラブル……。雇用契約期間中にはいろいろな事態が起こるでしょう。雇用契約書では，雇用契約期間中に起こりうる事態やリスクを想定して，できるだけ多くの合意をとっておくのが得策です。雇用契約書は何ページまでと決まっているわけではありませんから，分量が多くなっても合意を得ておきたいことは記載するべきです。

POINT 2　文字で説明し，数字は最小限に

　数字で示された労働条件は確かにわかりやすいのですが，数字だけでは細かな説明ができません。**説明を割きたいところはやはり文章できちんと説明するべき**です。数字は，就業時間，給与の金額など，必ず数字で記載しなければならないところに限るほうがよいのです。

　なお，給与や休日数といった数字は，毎年のように変更することもあるでしょう。そう考えると，後述するように，雇用契約は毎年交わす必要が出てきます。

POINT 3　労使双方の権利・義務を明確にする。

　会社という共同体の中にいる経営者と社員は，「力を合わせる仲間」であるとともに「ギブ・アンド・テイク」の関係です。互いの権利・義務について，伝えたいことは書いておきましょう。

　例えば，社員には企業秩序を遵守する義務があります。企業秩序は，会社がその事業を円滑に運営させるために必要不可欠のものです。この企業秩序遵守義務を示すために，雇用契約書には**服務規律を盛り込む**ことをおすすめしています。

　なお，社員の企業秩序違反には**懲戒処分**を行うことができますが，懲戒処分をする場合は，"客観的"な理由がなければならないとされています。これは懲戒事由，つまり企業秩序違反となる事由を書面で知らせていなければならないということです。したがって懲戒処分を円滑に行うためにも，雇用契約書に服務規律という社内ルールを書いておく必要があるのです。

◇懲戒処分ができるとき

労働契約法第15条（懲戒）

使用者が労働者を懲戒することができる場合において，当該懲戒が，当該懲戒に係る労働者の行為の性質及び態様その他の事情に照らして，客観的に合理的な理由を欠き，社会通念上相当であると認められない場合は，その権利を濫用したものとして，当該懲戒は，無効とする。

6 雇用契約書と一緒に交わしておきたい書類

採用時に合意をとってリスク回避を

■ 誓約書と身元保証書

前項では，雇用期間中に起こりうるあらゆる事態を想定して，雇用契約書を用いて合意を書面に残しておきましょうとお伝えしました。

それと同じ意味合いで，雇用契約書とともに入社時に社員などからの同意を取り付けておきたい書類が，誓約書と身元保証書です。

誓約書は会社の一員として特に守ってもらいたいことについて，社員に約束をしてもらうものです。身元保証書は社員に何かあったときに連帯して責任を負ってもらう人から，「確かに社員○○の身元保証人になります」ということを確認する書類です。これらの書類について，詳しくは，第2章でお伝えします。

この誓約書も身元保証書も，形式だけの書類と考えている会社も少なくないようですが，そうだとしたら考え直してみましょう。あまり内容を検討していない抽象的な誓約書や身元保証書では，実際のトラブル時には役に立たない場合があります。また，民法改正にともない，2020年4月1日以降に作成する身元保証書には極度額（保証上限額）を定めなければならなくなった点にも注意が必要です。

しかし，書類に社員や身元保証人の署名があれば，書面の内容に合意したという確かな証拠になります。雇用契約期間中は，本当にどんなトラブルが起こるかわかりません。そんなとき，誓約書や身元保証書が会社を強力にバックアップしてくれるように，誓約書や身元保証書の文言には注意を払いたいものです。身元保証人には，従来の金銭的な保証機能のみではなく，トラブル時の相談窓口・緊急連絡先としての機能が期待できます。必ず社員や身元保証人からの署名をもらってください。

ちなみに，誓約書の効力は雇用期間中続き，競業避止，機密保持などは退職後も規制できます。一方，身元保証書の効力については，法律で限度が決められており，長くても5年です。効力が失われる前に更新す

ることが原則です。しかし，トラブルの頻度が高いのは，格段に勤続年数が短い社員の方です。ですから，実務上，更新をする・しないは，事務の手間を考えて判断してもよいかと思います。ただし，入社したタイミングでは，必ず誓約書・身元保証書をとりましょう！

■　重要なことは何度でも合意をとる

　誓約書をとるのは，秘密保持や所持品検査などに関するケースが多いです。これらの事項は，雇用契約書にも盛り込むことをおすすめしています（詳しくは第5章参照）。

　しかし，すでに雇用契約書に入れて合意をとっているということで，誓約書をとるのは省略してよいのでしょうか。

　いえ，雇用契約書にも盛り込んだ上で，誓約書もとりましょう。

　繰り返し合意をとっておきたい事項は，特別な合意だということです。社員にもそう意思表示ができますし，何かトラブルが起きたときにもそのように主張しやすくなります。同じように，入社時の誓約書にも，退職後の秘密保持等について盛り込みましょう。重要なことは，何度でも書面で合意をとりましょう。

7 雇用契約書はいつ交わすの？

雇用契約書は1年に1回交わすと効果がアップ

■ 雇用契約書はいつでも交わすことができる

　この本を手にとった方の中には，社員の採用で痛い目にあい，雇用契約，ことに書面としての雇用契約書の重要性を身にしみて感じている経営者もいらっしゃるでしょう。そんな方々の関心事は，今からでも社員との雇用契約を整えることができるのか，つまり，今からでもトラブル防止効果の高い雇用契約書を交わし直すことができるのか，ということだと思います。

　雇用契約書は入社時に交わすのが一般的ですが，入社時に交わさなかったからといって，タイミングを失ったというわけではありません。**雇用契約書は，いつ交わしてもよいのです。**

　ただ，やはり交わすタイミングというのはあります。大きな労使トラブルを起こしたすぐ後に，勇んで雇用契約書を交わし直そうとすると，経営者の意図を見透かしたかのように社員たちはサインをしない，といったこともあります。何か不利な条件を飲まされるんじゃないかと警戒するのです。そのような場合はまずクーリング期間を置き，労使の信頼関係がある程度回復してから交わし直すほうがうまくいくでしょう。

■ 1年に1回雇用契約書を交わす

　どんなに効果の高い雇用契約書でも，無効になる場合があります。

　「内容を誤解していた」「見落としていた」「『合意できない』と言えなくてサインをしてしまった」と，社員に言われたときです。

　社員にしてみれば，真意は「実はよく理解していなかった」「よく見ていなかった」「入社したい一心で，本当は合意したくないのにサインしてしまった」ということです。そして，裁判所は基本的に労働者保護の立場ですから，「うんうん，その気持ちはわからないでもない」「社員が誤解していたのは，会社の説明が足りなかったからでしょう」と，社

員側の言い分を認めてしまう傾向にあります。

　このようなケースの対策としておすすめしているのは，１年に１回，雇用契約書を個々の社員と交わし直す方法です。こう提案すると，「１年ごとの有期雇用契約社員にするんですか？」と質問されることがありますが，そうではありません。正社員で契約内容を変更しない場合でも，**１年に１度は，会社と社員がお互いに現在の契約内容を確認し合いましょう**ということです。こうすれば，「誤解していた」「見落としていた」「合意したくはなかった」という言い分も１回なら認められますが，さすがに２回目，３回目ともなれば，「いや，それは合意したあなた（労働者）にも落ち度があるのではないか？」という見方ができます。

　雇用契約では，どうしても会社側に説明する努力が求められます。１回ならず，毎年行うことでようやく会社の努力が認められるわけです。手間はかかりますがリスク回避策としては非常に高いレベルになります。

◇リスク回避のレベル

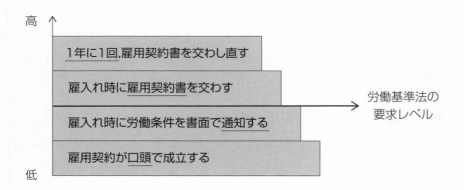

⑧ 雇用契約書の交わし直しを有意義に使う

コミュニケーションをとる機会にしてトラブル抑止

■ 時間をかけて社員と向き合う

1年に1回，雇用契約の内容を社員と確認し合う場では，説明努力を果たすためにも，なるべく十分な時間をとりたいものです。また，社員と個別に話ができる貴重な時間です。契約書の字面を追っていくだけではなく，場を和ませるために話がちょっと横道に逸れてもいいかもしれません。

オススメしているのが，社員のいいところをあらかじめ用意してから面談に臨む，という方法です。社員もほめられたら素直な気持ちになれますし，その分交渉もうまくいくものです。

日常的に抱いている不満や意見，即答できないようなことも話題になりかねないので，社員と長く話をするのは勘弁してほしい，と思う経営者もいるでしょう。経営者のそのような気持ちは，社員にも伝わってしまうものです。多少の不平不満は受け止めるつもりで，社員と向き合うことをおすすめします。

■ トラブルの芽を摘む効果も

労使紛争は，突き詰めていけば経営者と社員のちょっとした認識のズレから始まります。雑談などからお互いの性格や考え方を知り，社員のガス抜きを図るようにすれば，トラブルの芽はかなり摘み取れるのではないでしょうか。

社長が社員全員と個別に面談するには，時間や距離の面で難しいこともあるでしょう。そこは経営陣でやりくりをして，1年に1回，社員と直接話をする機会を設け，有効に活用していただきたいと思います。とはいえ，間違っても，一般社員と同じ労働者の立場である店長や部長などの単なる管理職に面談を委任してはいけません。考え方が経営陣とは異なるケースがままあります。

■ 変更した場合の合意もとる

　せっかく1年に1回，雇用契約の確認を行うのです。この際，社員と向かい合って，いろいろな事項を再確認する機会にしましょう。

　次項でもお伝えしますが，雇用契約における労働条件を不利益に変更するには，必ず社員の同意が必要になります。例えば降給，変形労働時間制を導入するときなどで，社員に同意を得る場合があります。このとき，契約が変更になる対象社員に説明をして同意を得る手順は，毎年恒例の雇用契約確認と同時に行えば一石二鳥です。

　また，会社が就業規則を変更した場合，社員に周知することが必要になります。この場合も，合意書をその都度交わす方法もありますが，**1年に1度の雇用契約確認に合わせて，変更する就業規則の内容を説明**すれば，後日のトラブルを防止することにもつながります。

　また，**1年間でお互いの債権・債務がなかったことを確認**しておく場にするとよいでしょう。つまり，この1年間で給与の支払漏れがないか，その他トラブルがないか，言いたいことがあれば，ここで言ってください，ということを確認します。

　労使間のトラブルについては，48ページで説明するように，裁判，また裁判以外の紛争解決手続き（ADR）が用意されてはいますが，そこに行き着く前に労使間で解決するのがベストです。そのためには，常に対話できるような，日頃のコミュニケーションが重要でしょう。

　就業規則の変更（詳しくは46ページ）と雇用契約書の手交，債権・債務の確認といったイベントは1年に1回当然に行うということを会社の慣習にしましょう。

9 雇用契約を変更するときは？

不利益変更の同意を得るしくみづくり

■ 不利益変更は社員の同意が必要

景気の状態や会社の財務状況，社員や会社の業績などによって，個々の社員の雇用契約内容を変更する必要が出てくることがあります。

会社が社員との雇用契約内容を変更する場合，その**変更内容が雇用契約の当事者である社員本人にとって不利益な条件になる場合，その社員の同意を得なければなりません。**

ただし，社員が労働条件の引き下げなどに同意した場合でも，変更後の内容が労働基準法などの法律に反する場合や，労働協約や就業規則で定めた条件より低い部分は無効になります。

■ 変更の方法とタイミング

労働条件などを不利益変更するときは，たとえ変更箇所がわずかな部分でも，新たな雇用契約書を2通作成して，改めて契約を交わし直すようにします。

ところで，労働条件などが不利益変更になったときだけ，対象社員を呼んで，変更内容を取り上げて説明し同意を得る，といった手順をとると，何か特別に重大なことのようで社員のほうも身構えてしまいます。こんなときは，前項でもおすすめしたように，1年に1回雇用契約を交わし直すしくみが役立ちます。

1年に1回，経営陣と社員が向き合い，この1年の社員の業績や能力評価，これから1年の期待などを伝えるとともに，社員からの率直な意見に耳を傾け，雇用契約書にお互いが署名する——。この毎年恒例のイベントの延長で，労働条件を変更することを伝えていけば，社員の抵抗感は薄れるのではないでしょうか。もちろん，なぜ労働条件を引き下げるのかについては説明を尽くしますが，同じ説明でも，ほとんど会ったことのない相手より，定期的に会って多少なりとも人柄がわかっている

相手の話のほうが受け入れやすいものです。

　個別の労働条件の変更・通知は毎年の雇用契約の交わし直しに合わせて行うようにしておきましょう。

■　同意が不要な不利益変更とは

　原則として，労働条件を不利益に変更する場合には，必ず社員から個別に同意を得る必要があります。労働契約法にもそのことが盛り込まれています。

　では，個別の同意がいらない不利益変更はあるのでしょうか。就業規則を変えただけで，不利益に変更できるのでしょうか？

　過去の裁判例では，成果主義を取り入れた賃金体系のもとに基本給の降給があることをあらかじめ定めていた上で，査定の過程に不公正，不合理な事情がなければ降給が認められたケースがあります。ただし，これは不利益変更になる人は一部で，総額としての人件費は大きくなった，というようなケースです。

　また，業績不振，業務不適格などの合理的な理由があって，社員を管理職から一般職に降格するような場合は，人事権の裁量の範囲なので社員の合意を得なくてもよいとされる場合もあります。しかし，トラブルを避けるために，昇格させた時点で，改めて新しい労働条件などを定めた雇用契約書を交わし，その際には降格があること，それにともない給与の引き下げなどがあることも明記しておきましょう。実際に降格するときも，十分に説明し，納得してもらうようにします。

10 雇用契約書はいつまで保存すればいいの？

退職後もトラブル防止で保存する

■ 退職後の書類の保存期間

　前項では，1年に1度，雇用契約の内容を確認し，雇用契約書を交わすことをおすすめしました。その場合，新しく雇用契約書を交付しても，前の雇用契約書は履歴として残しておきましょう。契約内容の変更の履歴もわかりますし，毎年きっちりと雇用契約を確認しているということの証拠にもなります。労働基準監督署の立ち入り検査が入った場合に悪い印象は与えません。裁判になったときも同様です。

　雇用契約書は，労働基準法上の労働関係に関する重要な書類として取り上げられているものではありませんが，これに準ずるものとして3年間，またそれ以上保存するのが望ましいでしょう。

　万が一，退職した社員から未払い残業代を請求されたら，請求権のある2年前（2020年4月の民法改正にともなって，当面3年とし，その後5年に時効が延長される見込みとなりました）までさかのぼって調査を受けることになります。また，退職金を請求された場合は，請求権のある5年前までさかのぼることになります。ですから，念のため5年間は保管しておきたいものです。退職金制度のない会社でも，何かトラブルが起きたときの証拠書類として5年間は保管しておきましょう。

■ 電子媒体で保存してもよい

　保管文書が多くなって，紙の書類の管理場所に困った場合は，PDF書類などにして電子媒体に保存してもかまいません。

　今では，スキャナの機能も高く，全文検索できるものも市販されています。紙媒体ではかさばるといったときでも，電子媒体であれば省スペースで保管できます。ただし，情報漏えいには注意してください。

◇未払い残業代，退職金の請求権の時効

未払い残業代の請求権の時効：２年

※　2020年４月より当面３年となる予定です。

退職金の請求権の時効：５年

◇主な労働関係書類の保存期間

労使紛争の解決や監督の必要から，次のように保存期間が決められている。

○雇入れ，退職に関する書類（雇用契約書，退職同意書など）

……退職から３年間

○賃金その他労働関係に関する書類（賃金台帳など）

……最後の賃金について記入した日，退職から３年間

○労働時間の記録に関する書類（タイムカード，残業許可書など）

……最後に出勤した日から３年間

○雇用保険の被保険者に関する書類（離職票，雇用保険被保険者資格取得確認通知書など）

……退職から４年間

○社会保険に関する書類（標準報酬月額決定通知書，喪失確認通知書など）

……退職から２年間

11 雇用形態によって雇用契約書の内容を変える
正社員と有期雇用契約社員の違い

■ 雇用形態の種類

「うちは雇用契約書を作成しているよ」という会社でも，正社員やパートタイマーなど雇用形態を区別して書き分けているところは少ないかもしれません。雇用契約書は雇用形態ごとに書き分けるようにしましょう。

雇用形態の呼び方に，法律上の決まりはありません。基本的に，どんな呼称で呼ぼうが会社の自由なのですが，一般的な認識とは離れて使っている場合があります。雇用形態は，雇用契約期間がなし（無期）かあり（有期）かで次の2点に大別されます。基本的な認識として知っておいてください。

> ① **正社員**
> ② **有期雇用契約社員（契約社員，パートタイマー，嘱託社員）**
> ③ **無期転換社員**

① 正社員（無期雇用契約社員）

期間の定めのない雇用契約を結んだ社員のことです。**一度採用されたら，原則として定年まで勤めることになります。**その代わり，残業，契約内容によっては転勤や職種の変更などの業務命令が下されれば，受け入れなければなりません。

② 有期雇用契約社員

期間の定めのある雇用契約を結んだ社員のことです。学生はアルバイト，主婦はパートタイマー，契約社員は月給制と使い分けられることがあります。

また嘱託社員は，定年退職後に有期雇用契約で再雇用される社員のことを一般的にこう呼びます。また技能に秀でた社員を有期雇用契約で雇

う意味で使われるケースもあります。

③ 無期転換社員

期間の定めのある雇用契約を結んだ後，雇用契約を更新するなどし，通算5年を超え，無期雇用契約を希望し，結果，期間の定めのない雇用契約を結んだ社員のことです。なお，期間の定めのない雇用契約ではありますが，その他条件については，正社員と同様にする必要はなく，従来どおりでもかまいません。ただし，有期雇用契約社員も同様ですが，職務内容や人材活用などについて，正社員との違いをきちんと整理しておく必要があります。

本書では，これらをケースに応じて「有期雇用契約社員」「契約社員」「パートタイマー」「嘱託社員」と記載します。

ある意味，**有期雇用契約社員は，契約期間中の雇用は保証されている**ともいえます。契約期間満了まではよほどのことがないと解雇されない，という法的な位置づけになっています。

◇雇用形態別の特徴

	正社員	有期雇用契約社員	無期転換社員
期　　間	無期	合意した契約期間	無期
契約終了時期	定年	期間満了時	定年
職種変更の有無	原則あり	原則なし	原則なし
転勤の有無	原則あり	原則なし	原則なし

（177ページ「第2定年設定のすすめ」参照）

無期転換社員

　前述のとおり，無期転換社員とは，期間の定めのある雇用契約を結んだ後，雇用契約を更新するなどし，通算5年を超え，無期雇用契約を希望し，結果，期間の定めのない雇用契約を結んだ社員のことです。

　この制度は2013年4月からスタートしており，通算期間は2013年4月以降の期間をカウントします（申込みは実際に通算5年を超えていなくても，通算5年超となる雇用契約を結んだ時点で可能であり，逆に，2013年4月までの有期雇用期間を含めて通算5年を超えていても対象外となります）。

　なお，対象社員から申込みがなされた場合，会社はこれを断ることができず，承諾したものとみなされます。

　無期転換社員⇒P88

雇用契約と業務委託契約の違いは？

偽装の業務委託契約はNG!

■ 実態は雇用契約に近い業務委託契約に注意

　会社の仕事内容について，委任と請負などといった契約形態により仕事をしてもらっている場合，これらを総称して「業務委託」といったりします。アウトソーシング，いわゆる外注です。雇用契約と違って，**業務委託契約を結んだ外注先**は個人事業主であり，**労働者ではありません。**

　外注先には，法定労働時間や解雇などの考え方は当てはまらず，社会保険に加入させたり，残業代を支払う義務はありません。業務の費用は業務にかかる時間ではなく業務の内容で決められるとされているので，業務にかかった時間と費用を気にする必要もありません。業務委託契約では，契約期間の終了，契約破棄などの事由は会社と業者の間で取り決められた契約内容によって決まります。服務規律などに従ってもらうことはできませんが，業務上生じる機密保持などについては，禁止を求める契約を結ぶ場合もあります。

　業務委託契約は，使いようによっては，コスト削減となり，人員調整もききます。しかし，この点を利用して，実質は雇用契約関係にあるにもかかわらず業務委託契約をしているような場合は，労働者からの訴えを受けて「雇用契約」ではないかと指摘されることがあります。

■ 業務委託契約となる判断ポイント

　外注の業者との契約が雇用契約でない，とするためには，次のような実態があることが必要になります。

① **仕事への拒否ができる**

　会社から業者へ業務の依頼をする場合，業者に断る自由を与えているかどうかで判断します。実質的に業者が断れない専属の状態であれば，「雇用契約」の恐れがあります。

②　会社が直接，指揮命令ができない

　業務の内容と遂行方法について，会社は業者に対して直接指揮命令をすることができません。指揮命令をしていれば「雇用契約」です。

③　労働時間管理をしていない

　雇用契約を結んだ労働者に対しては労働時間管理をしますが，業務委託契約先には時間管理をしてはいけません。また，作業場所も業者に選択させます。

④　給与の支払方法は，時間単位ではなく出来高に応じて行う

　業務委託契約では，時間単位ではなく出来高単位で報酬を支払うのが原則です。時間単位で報酬を支払うと「労働時間管理をしている＝労働者」とみなされることがあります。

⑤　他の者への交代ができる

　業者に代わって他の者が業務を行うことや，業者に補助をつけるかどうかは，業者自身が決めます。

⑥　機械・器具は個人持ち

　業務で使う用具，パソコンなどは業者の個人物とします。会社の物品であったり，その費用を会社が負担していれば「雇用契約」とされる可能性があります。

◇雇用契約と業務委託契約との違い

	雇用契約の社員	業務委託契約の業者
会社は，直接指揮命令が	できる	できない
給与の支払い方は	時間単位で	出来高単位で
会社は，労働時間管理を	しなければならない	してはいけない
仕事の依頼を	拒否できない	拒否できる
他の者への交代が	できない	できる
機械・器具は	会社持ち	個人持ち

就業規則を整備する

雇用契約書を活かす就業規則の作り方

■ 社員に有利な条件

　雇用契約の内容は，法令に違反してはいけません。ですから，労働基準法などの労働関連法は，最低限理解しておかなければなりません。

　また，労働組合と会社との間で書面で結ぶ労働条件を労働協約といいますが，雇用契約では労働協約より不利な条件を提示できません。同様に，就業規則や給与規程より不利な条件も提示できません。

■ 就業規則には最低限のルールを

　反対に，雇用契約書が就業規則や給与規程より有利であれば，雇用契約書の記載が優先します。ですから，会社にとってどうしても必要な人材であれば，雇用契約書には就業規則や給与規程より有利な条件を提示してもよいわけです。

　雇用契約を効果的に使うには，就業規則の作り方も重要になってくることがわかります。つまり就業規則は法令はもちろん労働協約に反しないようにし，かつ，個々の雇用契約を損なわないように作らなければなりません。

　就業規則を作るときのコツを簡単に説明するなら，規程は厳しく運用は柔軟にする，ということです。

　就業規則は，対象者全員が守らなければならない共通ルールです。同時に会社自身が必ず守らなければならないルールです。ですから，就業規則の規程は会社が最低限約束できるものにします。個々の社員に対してそれ以上のことを約束したいときは，個別の雇用契約の内容で優遇すればよいのです。

　給与規程には，余計な文言・数字を入れなくてもかまいません。よく，「役職手当　課長○○万円」などと具体的に賃金額を入れていることがありますが，これは避けましょう。20人もの部下を抱えて負荷の多い課

長と，３人の部下で負荷の少ない課長とが，同じ役職手当の金額で釣り合うでしょうか？

　どんな事態でも柔軟に対応できるように，就業規則や給与規程は会社に裁量権を持たせるものにしましょう。

◇規定の優先順位

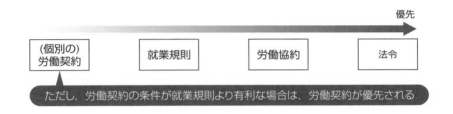

優先

| (個別の)労働契約 | 就業規則 | 労働協約 | 法令 |

ただし，労働契約の条件が就業規則より有利な場合は，労働契約が優先される

◇雇用契約が就業規則より有効になるとき・ならないとき

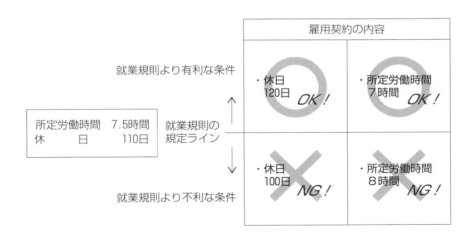

雇用契約の内容

就業規則より有利な条件

所定労働時間　7.5時間
休　　　日　　110日

就業規則の規定ライン

・休日
120日 *OK!*

・所定労働時間
7時間 *OK!*

・休日
100日 *NG!*

・所定労働時間
8時間 *NG!*

就業規則より不利な条件

14 就業規則も1年に1回見直す
法改正・社会実情や経営事情に合わせて変更する

■ 1年に1回は会社のルールを見直す

前項に引き続き，就業規則の作成のコツをお伝えします。

就業規則は1年に1回見直しましょう。法令に反した就業規則はその部分については，当然に無効になるからです。

昨年はこの労働法で改正が行われたかと思えば，今年は別の労働法で改正が行われる，というように，労働に関する法律では毎年のように改正が行われています。会社のルールブックである就業規則も，法改正に合わせて改定しなければなりません。また，判例の解釈も社会実情などに応じて新しい解釈に変更になることがありますから，注意しておきましょう。

1年に1回就業規則を見直すのは，確かに大変ですが，一度購入した車にも定期的なメンテナンスが必要になるように，一度作成した就業規則にしても定期的な点検は必要です。1年に1回は，法改正や実態に即しているかを確認するようにしましょう。

33ページでも，1年に1回の就業規則の変更と雇用契約書の締結をしくみ化しましょうと説明しました。法改正にともなって就業規則を見直し，必要なところを改定したら，その流れで雇用契約にも見直すところがないかどうか点検しましょう。その上で，社員と雇用契約書を交わすようにすれば，1年に1回のイベントにもムダがなくなります。

■ 長期的に少しずつ変えていく

1年に1回の就業規則の見直しは，法改正や判例解釈の変更などの外的要因だけでなく，自発的に長期的な変更を行うためにも大切です。

例えば，採用における優位性や従業員の長時間労働抑制のため，「休み」を増やすこととしたときに，「休日」を増やしたとします。しかし，その翌年に状況が変わり，「休日」を減らさなくてはならなくなった時

には，不利益変更となってしまいます。そこでまずは，有給休暇の計画的付与や特別休暇のような形で単年度のみの変更をします。その後安定して休めるようになった時に初めて「休日」を増やすようにします。

逆に，会社の創業間もないときには仕事も少なく，土日祝日，年末年始，夏休みとたっぷり休みを設けていたのが，事業が順調に上向いて，忙しくなってきたとしましょう。人手が足らずに，休日出勤を強いるようになったら，そもそも休みを少なくすればいいんだ，と思いますよね。ただ，いきなり休みを減らして労働日を増やすと，社員も納得がいきません。そこで，今年は夏休みを少なくする，来年は冬休みを少なくする，といった具合に，数年かけて対策を打つのです。

労働条件を"急に"変えるのは社員の抵抗を招きます。難しい言葉でいうと，激変緩和措置ともいいます。戦略的な考えが必要ですね。

◇就業規則を1年に1回見直す

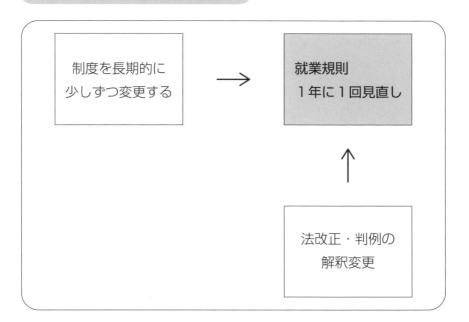

労使トラブルが起きたときの解決法は？

労使トラブルの社外での解決の場は主に四つ

■ 労使トラブルはまず社内で解決を図る

会社と個々の社員との間のトラブルはなるべく当事者間で解決するのがベストです。労使トラブルが起きれば，その都度話す必要がありますが，社員との面談をしくみ化して毎年行っていれば，コミュニケーションの機会も必ず持つことができます。社内でのコミュニケーションが不十分なので，外部（役所・労働組合・弁護士など）を巻き込んだ紛争になってしまうのです。紛争の本質はコミュニケーション不足にあると考えたほうがいいかもしれません。

■ 労使トラブルでの労働基準監督署の役割は限定的

社内で収めることができなかった労使間のトラブルは，どのように解決が図られるのでしょうか。

一つは，労働者が労働基準監督署に駆け込むというパターンがあります。この場合，労働基準監督署は，労働者の申告に基づいて会社を調査します。そして，会社に問題があれば，是正勧告や改善指導といった行政指導を行います。

ただし，注意点があります。労働基準監督署は，**労働基準法違反にあたることを取り締まる**機関なので，労働に関するよろず相談所で，労使紛争では間に入って解決に入ると考えられていることも多いのですが，これには誤解があります。

例えば，解雇に関するトラブルがあったとします。そのとき，労働基準監督署が調査するのは，「法的な解雇の手続きに沿って解雇が行われたかどうか」です。つまり「解雇の予告が30日以上前に行われたか。30日以内であれば，解雇予告手当が適切に支払われたか」です。これが，「解雇が不当かどうか」というトラブルであれば，労働基準監督署は介入してきません。民事不介入の立場をとり，当事者の権利侵害争いには

立ち入りません。

◇労働基準監督署と裁判所の違い

	労働基準監督署が判断すること	裁判所が判断すること
解　　雇	・法的な解雇の手続きに沿って解雇が行われたかどうか （労働基準法第20条違反）	・解雇が不当かどうか ・解雇の取消しができるかどうか
有給休暇	・有給休暇が法定の日数与えられているかどうか ・年間5日取得しているかどうか （労働基準法第39条違反）	－
未払い残業代	・未払い残業代がある場合に支払われているかどうか （労働基準法第37条違反）	・未払い残業代がいくらかどうか
36　協　定	・残業が、36協定の内容に沿っているか ・特別条項の設定時間が適切かどうか （労働基準法第36条違反）	・36協定の代表者の選び方が適切かどうか

■　裁判・個別労働紛争解決制度・労働審判制度

　「解雇が不当かどうか」「客観的に合理的で社会通念上相当であるかどうか」などの**民事上の争いについては裁判所が判断します**（民事訴訟）。ただ、この民事訴訟は、一般的には多くの費用や時間、労力も費やします。また、訴訟への抵抗感や、実際に訴訟に持ち込める事案かどうかをまず弁護士などに相談するなどの心理的負担感など、物理的にも心理的にもハードルが高いものでした。

　そこで、裁判によらずに**あっせん、調停などで解決を探るADR（裁判外紛争解決手続き）**が利用されることがあります。利点は、民事訴訟よりも簡単で、費用も低く、時間がかからないことです。ADRの一つ、**個別労働紛争解決制度**は、都道府県などが設ける労働相談センターなどが窓口となって、労働者と会社の間であっせんを図ります。あっせんの

内容に法的な拘束力はありませんが，労使の事情を考慮して現実的な解決策を調整します。

裁判所で労使トラブルの解決を図る際，**民事訴訟より迅速にできる労働審判制度**という手続きもあります。労働審判制度では，裁判官である労働審判官などが事案を審理し，解決に向けて調停だけでなく審判も行います。審判は判決と同じ効力を持ち，強制執行も可能です。

ところが最近では，自己主張や権利意識の高まりやメディアやインターネットなどから多くの情報を得られる環境にあり，また，訴訟相談を無料（初期費用０円，完全成功報酬型サービス）で引き受けるといったサービスを提供する弁護士も増えるなど，物理的・心理的ハードルが下がってきているため，前述のような機関を頼らず，いきなり内容証明を送ってくる退職した元社員，在籍中の現役社員も増えてきています。

◇個別労働紛争の主な解決制度

	労働基準監督署による行政指導	個別労働紛争解決制度	労働審判制度	民事裁判
窓　　　口	労働基準監督署	自治体の労働相談センター，労政事務所など	地方裁判所	地方裁判所
費　　　用	無料	無料	申立手数料など（１～３万円程度）	申立手数料など（２～５万円程度）
弁護士の必要性	なし	なし	なし（労働者側の弁護士への依頼割合85%）	なし（労働者側の弁護士への依頼割合ほぼ100%）
拘　束　力	なし	なし	あり	あり
方　　式	行政指導	あっせん	労働審判	裁判
解決までの期間	約１か月間	申請から約１か月間	申立てから約70日間（３回以内の審理）	約10か月間

16 労働基準監督署
労働基準監督署の役割

■ 労働基準監督署の役割

　2016年には長時間労働の抑制を目的に，労働基準監督署の立入調査の対象をこれまでの１か月の残業時間100時間超から80時間超に引き下げて調査対象を拡大，労働基準監督官の増員も進められました。

　労働基準監督署の監査には，「定期監査」と「申告監査」の２種類があります。

　定期監査とは，労働基準監督署が任意に調査対象事業場を選択し，法令全般にわたって立入調査が行われるものです。原則として予告なしで調査を行うのですが，実際には調査予定日や準備書類などを事前に予告されるケースが多いです。また，立入調査を行わず，必要書類を持参し，事業場の代表者や労務の責任者が労働基準監督署に出向いて調査を受けるケースもあります。

　申告監査とは，社員が労働基準監督署に相談など行った場合に，その内容に関する事項を中心に裏づけとなる事実の確認のため立入調査が行われるものです。

　相談内容としては，賃金自体が支払われない，残業代が支払われないなど賃金不払についてが８割以上を占めています。

　なお，労働基準監督官が監査に来ると，経営者の方は社員の誰かが労基署に相談に行ったのでは？　と思い込みがちですが，８割方，定期監査によるものとなっています。

■ 定期監査の流れ

　定期監査は，労働局が作成した計画に基づいて，労働基準監督署が受け持ちの地域から会社を選び，行われます。

　具体的には以下の流れで行われます。

① 予　告

　定期監査は，原則として，予告なしで突然行われます。出頭要求書が会社に届く場合もありますが，出頭要求書が届いた場合，会社は，労務管理に関する書類を持参し，労働基準監督署への出頭を要請されます。

　また，労働基準監督官が定期監査で会社に来た時に，責任者や担当者が不在の場合や急な対応ができない場合などは，定期監査の日程を変更してもらうことも可能です。

② 調　査

　立入調査は，労働基準監督官が通常２名で行います。調査の順番は決まりがあるわけではなく，調査内容，事業内容，違反の可能性など，様々な要素を考慮して行います。

　また，労働基準監督官が会社から預かった帳簿や書類などを確認します。

　確認するポイントは以下のとおりです。

◎就業規則（労働時間に関する規定，給与規程などの別規程を含む）

　・事業所ごとに就業規則の届出を労働基準監督署にしているか

　・就業規則の記載内容が法律や法改正内容と合致しているか

　・就業規則がパートやアルバイトなど，有期契約社員にも適用されているか

などを確認されます。

◎タイムカード，日報，残業申請書など

　労働時間の管理方法が適切であるか，法定労働時間が守られているかなどを確認されます。

◎時間外労働，休日労働に関する協定届（36協定）

　労働時間が１日８時間，１週40時間を超える場合，36協定の届出を労働基準監督署にしているか，社員代表選出方法などを確認されます。

◎賃金台帳

　労働基準法で事業所に備え付けなくてはならないものと定められているので，きちんと常備されているかを確認されます。また，時間外手当が社員に適切に支払われているかも確認されます。

◎労使協定，勤務シフト表など，

　直近3か月分の変形労働時間制に関する書類（変形労働時間制を採用している場合）。

　労使協定の届出を労働基準監督書にしているか，労働時間が1週平均40時間以内に収まっているかなどを確認されます。

◎衛生委員会の議事録など，

　社員50人以上の会社においては，衛生委員会などで過重労働対策の調査審議が行われているかなどを確認されます。

◎医師による面接指導制度，その実施状況が確認できる書類

　医師による面接指導がきちんと行われているかなどを確認されます。

◎健康診断個人票

　入社時や1年に1回など，定期的に健康診断が実施されているかを確認されます。

　健康診断個人票の結果が悪い社員に対して，再検査など，事後措置をしっかり行っているかを確認されるケースもあります。なお，健康診断個人票は，安全衛生法で過去5年分の保存義務がありますので注意しましょう。

◎社員へのヒアリング

　社員に質問しながら，調査項目について法律違反はないか，労働関係帳簿や書類などと実態が合っているかなどを確認します。必要があれば，労務の責任者からもヒアリングし，社員へのヒアリング内容と相違がないか確認します。

③　是正勧告書，指導票，使用停止等命令書の交付

　労働基準監督署の調査の結果，法令違反や改善点が見つかった場合は，会社は労働基準監督署から是正勧告や指導を受けることになります。

　法令違反の場合は，その違反事項と是正期日を定めた是正勧告書が交付され，法令違反ではないが改善する必要があると判断された場合は，指導票が交付されます。

④　是正報告書の提出

　会社は，是正勧告書や指導票を労働基準監督署から交付された場合，

是正期日までに指摘された違反事項や改善点を是正・改善して，是正報告書を提出しなければなりません。

是正期日までに是正や改善が完了していなくても途中経過報告として提出するようにしましょう。

■ 監査が入っても慌てることはない！？

労働基準監督署から繰り返し指摘された違反事項や改善点を是正・改善しない場合，検察庁に書類送検される可能性があります。

大切なのは，監査に合わせて，事前に資料を取り繕ったり，虚偽の申告をすることなく，労働基準監督官と真摯に向き合い，職場環境を見てもらうというスタンスで監査対応を行うことです。監査の結果，直ちに書類送検されたり，行政処分を受けることは通常ありません。

■ カトクとは？

2014年厚生労働省は過重労働に係る大規模事案，困難事案などに対応するための専従対策班として，「過重労働撲滅特別対策班」を東京・大阪労働局内に新設しました。

主な業務は長時間にわたる過重な労働が行われ，労働基準関係法令に違反し，または違反する疑いがある次のような事案について積極的かつ効率的な処理を行うことです。

① 監督指導において事実関係の確認調査が広範囲にわたる事案

② 司法事件で捜査対象が多岐にわたる事案

③ 被疑事実の立証などに高度な捜査技術を必要とする事案

さらに厚生労働省は2017年に違法な長時間残業の捜査・調査を専従で指揮する「過重労働特別対策室」を労働基準局監督課内に設置することを決定しています。

雇用契約の入り口

〈採用〜入社〉

採用選考は慎重に

応募者の問題要素をチェックする

■ 採用選考から入社後までのトラブル防止策

社員とトラブルになるパターンで,「入社したときから,その社員にもともと問題を起こしやすい要素があった」というのがあります。前の職場でもトラブルを起こしていた,スキル不足なのに経験豊富に見せていた,といったケースです。

入社してすぐに,「採用しなければよかった」と思うような社員は雇いたくないもの。そこで,社員を採用するときは,「問題のありそうな人を洗い出し,雇わない」ということが重要になります。

しかし,これはそう簡単なことではありません。したがって,問題のありそうな人を雇ってしまっても,「トラブルを未然に防ぐための予防線を何重にも張っておく」ことが大切になるのです。

また,はじめは素直で問題の要素がなかったのに,時間の経過とともに変貌していくというケースもあります。これには,会社と社員の間のちょっとしたボタンの掛け違いから始まることもあります。

この章では,採用時に「見つけて雇わない」ために,そして採用後も「トラブルを防ぐ」ために,採用から入社時までの間に押さえておきたい知識やノウハウを見ていきます。

■ 「選び出す」よりも「ふるい落とす」を重点的に

問題社員といえども,一度雇ったからには辞めてもらうのは簡単ではありません。ですから,採用時にはまず,「優秀な人を選び出す」よりも,「採用してはいけないタイプをふるい落とす」ことを採用基準に入れて,慎重に採用選考をします。

面接は複数回行い,複数の面接者が事前に質問項目を準備して,実務能力や人間性,熱意などあらゆる角度から応募者をチェックすることをおすすめします。また,履歴書や職務経歴書,面接で答えた業務経験は

実際の能力とは必ずしも一致しません。学歴をごまかす，業務の経験年数を長くする，転職回数を少なく告知するといったことは案外多いのです。職務経歴書の事実確認をしたり，会社の作った基準に沿って適性を確認したりして最終判断をします。ストレス耐性などのおおよその傾向をつかむために，大手の人材事業会社などが提供している能力・適性検査を面接時に実施するのもよいでしょう。

　これまでの採用経験をもとに，会社独自に失敗が少ない採用ノウハウを積み上げていってもよいでしょう。例えば，ある運送業の会社では，面接の際「採用してはいけないタイプ」を見抜くために，必ず行う質問を用意していました。

■　就業規則の整備ポイント

　就業規則には，採用から入社・試用期間までの制度のしくみ，提出書類などを規定しておきます。

　採用時に提出する書類に虚偽の内容があった場合は，不採用とするだけでなく，入社後も解雇する場合があることを記載します。つまりは解雇規定も整備しておかなくてはなりません。

　雇用契約の入り口で，出口まで見据えてしっかり整備しておくのです。

定着率のよい会社が実践していること

　最近は業種を問わず多くの会社で採用難の話を耳にします。また せっかく採用してもすぐに辞めてしまうというように社員の定着に 問題を抱えている会社も多いようです。

　せっかく採用した社員が短期で辞めてしまう場合は，企業側に何 らかの問題があるかもしれません。募集条件との相違も原因の可能 性があります。職業ニーズは多様化し，給与面のみを期待して入社 する社員ばかりではないようです。社員定着のためには，給与面以 外に育成のための研修や職場の雰囲気作り，レクリエーション等が 効果的だと思います。面接に時間をかけ，求人票に表記できていな い特色や将来ビジョンを話し，入社後も研修と併行し，月に１回ず つ面談の機会を作ったところ，段々と定着率が上がってきたという 会社もあります。人材の定着は募集コスト削減になり，経営の安定 化につながると思います。そんな中，採用がうまくいっている会社 で実施されている求人・採用のポイントをまとめてみました。まだ 実施されていないものがあったら試してみてはいかがでしょうか。

□　最近では給与の高さよりも残業が少ない，休みが多い職場を好む人 も多い。

□　稼ぎたい人，残業がなくそこそこ働きたい人など多様性に応じられ る働き方をいくつか用意する（職務限定，短時間コースなど）。

□　中途採用だけでなく，新卒採用にも目を向ける。

□　会社のＨＰがあるのは当たり前，スマホ専用のＨＰや求人専用ペー ジを設け手軽にみることができるようにする。

□　ホームページでは写真や映像をふんだんに使い，文字よりイメージ で会社の雰囲気をリアルに伝える。

□　面接では十分に時間を掛けて会社の理念，会社の夢，当社の仕事が どのように社会貢献しているかを熱く語る。

□　求人・選考では家族目線を意識し，安心安全に働ける環境であるこ とをアピールする。

□　応募がきたら出来る限り早く返信をする（レスポンスの速さで印象 が大きく変わる）等。

■　求人を行う際の注意点

　現在の職業安定法では，求人票や募集要項等において，一定の労働条件を明示することが必要とされています。また，当初明示した労働条件が変更される場合は，変更内容について明示する必要があります。そして旧来，自社サイトなどの直接募集のみが対象となっていた虚偽情報による募集に対する罰則規定が，ハローワークや職業紹介事業者を介した募集にまで適用が拡大されています。

　さらに2020年3月30日以降は，これまでハローワークにおける新卒者向けの求人に限られている，一定の労働関係法令違反企業からの求人の不受理規定が，一般の求人（職業紹介事業者を含む）に対しても適用されることとなりました。

> ◇青少年の雇用機会の確保及び職場への定着に関して事業主，特定地方公共団体，職業紹介事業者等その他の関係者が適切に対処するための指針

1．事業主などが青少年の募集や採用に当たって講じるべき措置

●青少年が適切に職業選択を行い、安定的に働くことができるように、労働条件などの明示などに関する事項を遵守すること。
●固定残業代（名称のいかんにかかわらず、一定時間分の時間外労働、休日労働及び深夜労働に対して定額で支払われる割増賃金）を採用する場合は、固定残業代に関する労働時間数と金額等の計算方法、固定残業代を除外した基本給の額、固定残業時間を超える時間外労働、休日労働及び深夜労働分についての割増賃金を追加で支払うことなどを明示すること。
●採用内定者について労働契約が成立したと認められる場合には、客観的に合理的な理由を欠き、社会通念上相当であると認められない採用内定取消しは無効とされることに十分に留意し、採用内定取消しを防止するため、最大限の経営努力などを行うこと。やむを得ない事情により採用内定の取消しを行う場合には、当該取消しの対象となった新規学校卒業予定者の就職先の確保について最大限の努力を行うこと。
○　事業主などは、青少年雇用情報の提供に当たって、次に掲げる事項に留意すること。
　（一）　ホームページなどでの公表、会社説明会での提供又は求人票への記載などにより、青少年雇用情報の全ての項目について情報提供することが望ましいこと。
　（二）　学校卒業見込者などが具体的な項目の情報提供を求めた場合には、特段の事情がない限り、当該項目を情報提供することが望ましいこと。
　（三）　情報提供の求めを行った学校卒業見込者などに対して、当該求めを行ったこと

を理由とする不利益な取扱いをしないこと。

（四）　情報提供の求めに備え、あらかじめ提供する情報を整備しておくことが望ましいこと。また、その求めがあった場合には、速やかな情報提供に努めること。

（出所：厚生労働省）

■　ハローワーク求人記載の注意点

　固定残業代（名称によらず，一定時間分の時間外労働，休日労働及び深夜労働に対して定額で支払われる割増賃金）制を採用する場合は，固定残業代に関する労働時間数と金額等の計算方法，固定残業代を除外した基本給の額，固定残業時間を超える時間外労働，休日労働及び深夜労働分についての割増賃金を追加で支払うことなどを明示することが必要です。

「a基本給（月額平均）又は時間額」欄

　・基本給には固定残業代など各種手当は含めない

「b定額的に支払われる手当」欄

　・固定残業代が時間外労働の有無にかかわらず固定的に支給されるものであること

　・超過分が法定どおり追加で支給されることを明記すること

「cその他の手当等付記事項」欄

　b欄に固定残業代手当を記載した場合は，「時間外手当は時間外労働の有無にかかわらず，固定残業代として支給し，〇時間を超える時間外労働分は法定どおり追加で支給」（記入例）

2 採用前に知りたい情報を把握する

事前確認書を活用する

■ 面接時の返答には虚偽もある

業務の適性を見定めるために，例えば経理部での採用なら借金の有無などを，ドライバーでの採用ならてんかんの有無や運転違反歴などを，面接時に聞くこともあると思います。最近では，SNS等の利用状況なども確認したいところです。ただ，相手が本当のことを答えてくれるかどうかまではわかりません。

虚偽の答えをしたことが入社後にわかってそのことを社員に問いつめたとしても，「そうでしたっけ？」と返答されたら，後は「言った」「言わない」の水掛け論になってしまいます。

また，面接では少しでも良い印象を持たれたいと，なんでも「はい」と返事をしているかもしれません。面接時に残業があると説明して，相手は「はい」と答えたのに，入社してから「こんなに残業があるとは，聞いていなかった」と言ってくることも考えられるわけです。

■ 事前確認書を最終選考の材料に

このようなトラブルが起きないように，履歴書などで確認できなかった情報の中で採用前に念のため確認しておきたいことを63ページのような**事前確認書を用いて，自己申告してもらう**とよいでしょう。

筆記試験や面接で特に問題がなく，通常であれば採用内定を伝える人に対して，面接の場などで記載してもらい，最後に署名をもらいます。これを最終選考の材料とするのです。

答えたくない項目は，答えてもらわなくてもかまいませんが，答えたくない相応の背景があるのだろうと察することができます。書き方，記入時の応募者の挙動を観察することもできます。

この事前確認書，実は応募者から二つの承諾を取り付ける内容となっているのがポイントです。一つは「事前確認書の申告内容と異なる事情

第2章 雇用契約の入り口 〈採用〜入社〉

が発覚した場合」，もう一つは「採用時の書類に事実と異なる点が判明した場合」に，採用取消しや解雇などの処分をすることを明記してあります。こうすることで，虚偽の申告をさせないように牽制をかけたり，あるいは万が一，内定・入社後に問題が発覚した場合は，この書面を基に対応を進めることが可能となります。また，この承諾内容に心当たりがある場合は，応募者の方から採用内定を辞退してくることもあるでしょう。

　この書類を使う利点は，事前確認書を通して問題がないかを見極め，採否の判断材料にできることです。また，採用する場合でもリスクを踏まえた上で採用することができるため，その配置や活用法を検討できます。そうすることにより，リスクをヘッジしつつ，いいところを活かし伸ばすことができれば，会社にとって有益な人材となるかもしれません。

■　収集を控える情報

　次のような情報は就職差別につながる恐れがあるので，自己申告形式であっても，情報収集を控えます。

① **本人に責任のない事項**
- ・本籍・出生地に関わること（戸籍謄（抄）本や，本籍が記載された住民票）
- ・家族の仕事の有無・職業・健康・地位・学歴・収入・資産など
- ・住宅状況・生活環境・家庭環境など

② **本来自由であるべき思想信条にかかわること**
- ・宗教，支持政党，人生観，生活信条，尊敬する人物，思想
- ・労働組合の加入状況，購読新聞や雑誌，愛読書など

◇事前確認書（入社前事前確認書）

株式会社●●●●　御中

事前確認書

1	最近1年以内に医師の診察・検査・治療・投薬を受けたことがありますか。	はい・いいえ 答えられない
	はいの場合は内容を記入してください。	

9	身元保証人2名（有職者でかつ配偶者以外）の身元保証書への署名ならびに印鑑証明書取り付けを承諾いただけますか。	はい・いいえ 答えられない
10	適性検査を実施しますが，承諾いただけますか。	はい・いいえ 答えられない
11	入社誓約書および秘密保持に関する合意書を提出することを承諾いただけますか。	はい・いいえ 答えられない

18	ＳＮＳの利用について今までトラブルはありませんか。	はい・いいえ 答えられない
19	残業は一定頻度（1日平均1〜2時間程度）で発生しますが承諾いただけますか。	はい・いいえ 答えられない
20	転勤や職種変更があることについて承諾いただけますか。	はい・いいえ 答えられない

24	自動車の運転を行っていただきます。自動車の運転免許証はお持ちですか。	はい・いいえ 答えられない
25	上記について免許停止，取消しなどで現在運転できない状態となっていないことに相違ありませんか。	はい・いいえ 答えられない

28	あなたは現在，反社会的勢力に該当せず，また将来にわたって関わりがないことを確約できますか。	はい・いいえ 答えられない
29	あなたの親族または知人の中に，反社会的行為を行っている人がいますか。	はい・いいえ 答えられない

　上記事項について，記載のとおり相違ありません。

　万一，上記申告内容と異なる事実が発覚した場合や，会社に提供した履歴書等の記載内容に事実と異なる点が判明した場合，採用取消しや解雇など如何なる処分も承諾致します。

　　　　年　　　　月　　　　日

　　　　　　　　　　氏名　　　　　　　　　　　　　印

3 採用前に健康情報を把握する

健康診断書・告知書を活用する

■ 健康診断書を採用選考書類にする

採用前に特に気になるのは，健康状態です。多くの会社は健康に働けることを前提に雇入れ時の賃金などを決定しているはずです。予定された労務をまっとうしてもらうために健康な人間を雇うということは，責められるものではありません。あくまでも100％の労働力を提供してもらった場合に，約束した賃金をお支払するのが雇用契約です。

労働安全衛生法では，入社時に，健康診断をすることとされていますが，健康診断を入社前に求職者自らが行ってその結果を提出してもらうことは認められています。

就業規則には採用選考書類の一つとして健康診断書を記載しておきます。応募者から求められれば，その根拠を丁寧に説明しましょう。ただし，採用の目的で集めた情報は，本人の同意なく採用以外の目的に使ってはなりません。本人に無断で第三者に提供することも禁止されています。

■ 採用面接で健康についての告知書を用意

一般の健康診断だけではわからない情報もあるでしょう。例えば，過去の病歴やストレス耐性，メンタルの状態などです。

事業主には「労働者の健康に配慮しなければならない」という安全配慮義務が課せられています。入社後，体力を要する業務やプレッシャーのかかる業務に就かせる場合に，採用面接の場で，応募者の心と体の健康状態を確認しておく必要があるといえるでしょう。

ストレス耐性をチェックできる適性検査を利用するのも一つの方法です。安価でWeb上で行えて，即座に結果が出るものもありますので，ぜひご検討ください。適性検査が難しいようなケースでは，健康告知書を用意しておき記載してもらいましょう。面と向かっては聞きにくいこ

ともありますし，書面とすることで漏れや後の「言った，言わない」を防ぐこともできます。また，虚偽の告知をすれば，解雇などの措置がありうることも承諾して，署名をしてもらいます。

　ただし，次のような健康情報は業務上の特別な必要がない限り，就職差別にあたるので収集しないようにします。

◇収集を控える健康情報

・職場で感染する可能性が低いHIV（エイズ），B型肝炎などの感染の有無
・色覚異常などの遺伝情報

◇健康告知書

株式会社●●●●　御中

健康告知書

　当健康告知書は，株式会社●●が従業員の採用選考にあたり，面接時の面談内容・条件面等について相違がないか確認するためにお伺いするものです。ありのままを正確に記入してください。

1	最近1週間以内に自覚した健康上の異常はありますか。	はい・いいえ 答えられない
2	最近3か月以内に，医師の診察・検査・治療・投薬を受けたことや検査・治療・入院・手術をすすめられたことがありますか。	はい・いいえ 答えられない
3	過去5年以内に，病気やけがで，入院したことまたは手術を受けたことがありますか。	はい・いいえ 答えられない
4	過去5年以内に，病気やけがで，7日以上にわたり，医師の診察・検査・治療・投薬を受けたことがありますか。	はい・いいえ 答えられない
6	これまでに，ガン（肉腫，白血病，悪性リンパ腫，骨髄腫，上皮内ガンを含む）にかかったことがありますか。	はい・いいえ 答えられない
7	次のいずれかに該当しますか。 ①片眼いずれかの矯正視力（眼鏡等使用時）が0.3以下である。 ②聴力・言語・そしゃく機能の障がいがある。 ③手・足・指の欠損や機能の障がい，背骨（脊柱）の変形または障がいがある。	はい・いいえ 答えられない
11	1日の平均睡眠時間は何時間ですか。	時間 答えられない
12	過去にてんかん発作を起こしたことがありますか。	はい・いいえ 答えられない

上記1～12項のいずれかが「はい」の場合は詳細を記入してください。

　上記事項について，記載のとおりで相違ありません。
　心電図検査，血液検査が必要な場合には，検査を実施することに同意いたします。
　万一，上記告知内容と異なる事実が判明した場合，採用取消等の措置を講ずる場合があることを承諾いたします。

　　　　　年　　　　月　　　　日

　　　　　　　　　　　　　　氏名　　　　　　　　　　印

4 採用内定時に注意すること

条件付きの内定を出してもよい

■ 内定時にも雇用契約は成立している

採用が決まったら，その後は「採用後にトラブルを最小限に抑える対策」を立てなければなりません。

第1章でもお話ししたとおり，採用を決めた人に「採用します」と伝え，書面や口頭で相手の承諾を得ると「内定成立」で，この時点から雇用契約は始まっています。難しい言い方をすれば，「就労始期付解約権留保付労働契約」という労働（雇用）契約です。

「就労始期付」とは，働き始めるのが将来の決められた時期であるという意味で，「解約権留保付」は，新卒採用なら成績不良で学校を卒業できなかった場合など，一定条件をクリアできなかったときに内定を取り消す権利を持つという意味です。

そうはいっても，雇用契約が成立していることに変わりはありませんから，内定を取り消すには「客観的に合理的で社会通念上相当であると認められる理由」が必要になります。そこで，会社は，あらかじめ**内定取消しをできる事由を就業規則に定め，内定通知時に採用予定者にその事由を伝えておかなければなりません。**そして，その事由に当てはまった場合に限り，内定取消しができるのです。

■ 内定者には採用内定承諾書を

内定には一般的に内定通知書を使いますが，通知書は一方的な意思表示になります。採用予定者からの承諾を念のため書面で取り付けたい場合は，**採用内定承諾書**を出して承諾書を返送してもらいましょう。

例えば，新卒の学生に内定を出すとともに卒業できなかった場合には内定が取消しになる旨を明示して，あらかじめ承諾を得ます。

67

5 内定から入社直後に注意すること
内定期間は社員に自覚を促す期間

■ 入社後早い時期の就業規則の周知を

　内定から入社直後までは，雇用契約書を交わしたり，誓約書や身元保証書を書いてもらったりしながら，社員に会社の一員だという自覚を促す期間です。

　ある会社は，この時期に就業規則をめくりながらオリエンテーションを開き，解雇事由まで説明しているそうです。**早い時期に就業規則を周知させ，出口までのルールを説明する**ことは有意義だと思います。少なくとも，社員が早々とトラブルを起こしたとき「就業規則を知らなかったから無効だ！」という主張はできなくなるわけです。

■ 提出期限を守ってもらう

　雇用契約書，誓約書，身元保証書のほかに，入社時に提出してもらう書類には，社会保険の資格取得手続きや住民税の納付先の確認で使うものなどがあります。

　入社時に提出してもらう書類は，就業規則に一つひとつ明記しておきます。どれも重要な書類ですから，提出書類の不備や提出期限の遅れは原則として認めてはいけません。提出しない書類があったり，提出期限を守らなかったりした場合には，採用を取り消すといった判断を下すこともある旨を就業規則に定めておき，社員にもあらかじめ伝えておきましょう。第一，提出期限を守らない人は，仕事の期限も守らないものです。

◇採用内定時の提出書類（就業規則の規定例）

第○条　【採用内定時の提出書類】

　社員として内定を受けた者は，採用選考時には未提出であった会社が指定する書類（選考の際に提出済みのものを除く）のほか下記の書類を，会社が指定する日までに提出しなければなりません。会社からの督促にもかかわらず提出しない場合は，その状況を踏まえ，内定を取り消す場合があります。

(1)　雇用契約書

(2)　入社誓約書

(3)　身元連帯保証書（保証人は2名とし，近隣県内に居住する独立の生計を営む成年者で配偶者以外の会社が認める者）

(4)　健康診断書（3か月以内のもの。なお，選考時に提出した者は不要）

(5)　住民票記載事項証明書

(6)　通勤経路届（兼通勤手当支給申請書）

(7)　自動車運転免許証の写し

(8)　自動車検査証（車検証）写しおよび自動車保険証券写し（通勤もしくは業務で自家用車の使用が予定される者に限る）

(9)　運転経歴に関する証明書（無事故・無違反証明，運転記録証明書，累積点数等証明書，運転免許経歴証明書）

(10)　新入社員諸事項届出書

(11)　その他会社が指定した書類

2　内定通知書を受け取った者が，内定承諾書を所定の期限までに提出しない場合には，内定が辞退されたものとして扱います。

◇採用決定者の提出書類（就業規則の規定例）

第○条　【採用決定者の提出書類】

　社員として採用された者は，採用後10日以内に次の書類を提出し
なければなりません。ただし，会社が指示した場合は，その一部を
省略することができます。

　(1)　健康診断書（3か月以内のもの。なお，選考時に提出した者
　　　は不要）

　(2)　年金手帳（取得者のみ）

　(3)　雇用保険被保険者証（取得者のみ）

　(4)　源泉徴収票（本年中に給与所得があった者に限る）

　(5)　給与所得の扶養控除等申告書

　(6)　口座振込依頼書

　(7)　マイナンバー通知カード（写し）および本人確認書類（写し）

　(8)　その他会社が提出を求めた書類

2　前項の書類を提出しない場合は，本採用することはありません。
　また，督促をしたにもかかわらず，正当な理由なく期限までに提
　出しなかった場合は，採用を取り消すことがあります。

3　第1項の提出書類の記載事項に変更が生じた場合は，1週間以
　内に書面でこれを届出なければなりません。

6 入社時の大切な書類①

入社誓約書に盛り込む事項

■ 服務規律・懲戒処分と関連づける

　入社誓約書は，社員に会社のルールを遵守してもらうために各種誓約事項を取り付けるものです。雇用契約書と一緒に入社時に署名・捺印をして提出してもらいます。

　誓約書を有効にするカギは，誓約書の内容と就業規則の服務規律や懲戒処分とを関連づけておくことです。こうすれば，誓約書に反した行為をした場合，就業規則違反とみなすことができます。さらに懲戒規定とリンクしていれば，懲戒処分を行うこともできます。

　大切だと思うことは誓約書にしてよいのですが，「残業代は請求できない」「５年を経過しても無期契約に転換できない」など，法令に違反することや公序良俗に反することは，無効となることがあります。

■ 秘密保持については厳格な約束を

　特に厳密な誓約を取り付けたい事項は，その事項だけの誓約書を作成することをおすすめします。運送業であれば，「飲酒運転に関する誓約書」を作成し，飲酒運転は絶対に起こさないという意識を持ってもらいます。昨今，トラブルが多いのは秘密保持に関することです。業務上得た秘密の管理と，管理違反による処分については具体的に記して誓約をとっておきます。個別に「秘密保持に関する誓約書」を作成してもよいでしょう。

　誓約書の効力は，記載の仕方によって，雇用期間中はもちろん，退職後にも及ぶようにすることができます（例えば競業や情報漏えいなどの規制）。トラブルが起きてからはもちろん，退職時には思うように誓約書が取れない場合があります。それに対し，入社時は取りやすいため，入社誓約書中に，雇用期間中のことだけではなく，退職後の誓約事項も盛り込むのも一つの方法です。

◇入社誓約書《例》

株式会社●●●●
代表取締役 ●●●● 殿

入 社 誓 約 書

　この度，私は貴社に勤務するにあたり，以下の事項を遵守することを誓約します。

【誠実勤務の誓約】

第1条　　私は，就業規則その他服務に関する一切の事項を遵守し，所属長の指示に従い，職場の秩序を保持し，互いの人格を尊重し，規律の遵守に努め，誠実に勤務します。

【服務規律の遵守】

第2条　　私は，職場秩序維持のため，以下の事項および就業規則に定める服務規律を遵守することを誓約します。

① 遅刻，早退，欠勤を行わないこと。

② 始業時刻に業務を開始すること。

③ 終業時刻を過ぎて業務を行う場合には，必ず所属長の許可を得ること。

④ 報告・連絡・相談を心がけ，所属長の指示に従うこと。

⑤ 残業を貴社より命令された場合には，従うこと。

⑥ 前各号のほか，就業規則に定める服務規律の一切を遵守すること。

⑦ 就業規則以外であっても，明文化されている・いないを問わず会社のルールを遵守すること。

【人事異動に関する事項】

第3条　　私は，就業規則等の定めにより貴社が下記の人事権を行使することに同意します。

① 配置転換を命令すること。

② 職務内容の変更を命令すること。

③ 勤務の場所の変更を命令すること。

④ 貴社に在職したまま，他社において業務を行うことを命令すること。（出向）

⑤ 貴社を退職し，関係会社への転籍を命令すること。

⑥ 昇格・降格の命令をすること。

【所持品検査】

第4条　　私は，就業規則に基づき，貴社が必要に応じて実施する私有物の所持品検査に応じることを約束します。

【自己保健の誓約】

第5条　　私は，日頃から自らの健康保持，増進および傷病予防に努めます。また，会社が実施する所定の健康診断は必ず受診することを約束します。

【指定医健診】

第6条　　私は，就業規則に基づき，貴社が臨時に実施する健康診断，ストレスチェック，メンタルチェック，その他貴社が指定する医師への受診勧告等に応じることを約束いたします。

【健康診断等検査結果の通知】

第7条　　貴社の指示により行った健康診断，メンタルヘルス検査等の結果について，全てを貴社に通知するとともに，医師等から直接貴社に診断結果を通知しても一切の異議を申し立てません。

【反社会勢力の排除】

第8条　　私は，現在，次の各号のいずれにも該当しないことを表明し，かつ将来にわたっても該当しないことを誓約いたします。

①　暴力団

②　暴力団員

③　暴力団準構成員

④　暴力団関係企業

⑤　総会屋等，社会運動等標ぼうゴロまたは特殊知能暴力集団等

⑥　次のいずれかに該当する関係にある者

　(1)　前各号に掲げる者が自己の事業または自社の経営を支配していると認められること。

　(2)　前各号に掲げる者が自己の事業または自社の経営に実質的に関与していると認められること。

　(3)　自己，自社もしくは第三者の不正の利益を図る目的または第三者に損害を加える目的をもって前各号に掲げる者を利用したと認められること。

　(4)　前各号に掲げる者に資金等を提供し，または便宜を供与するなどの関与をしていると認められること。

　(5)　その他前各号に掲げる者と役員または経営に実質的に関与している者が，社会的に非難されるべき関係にあると認められること。

2．自らまたは第三者を利用して次の各号に該当する行為を行わないことを確約いたします。

①　暴力的な要求行為

②　法的な責任を超えた不当な要求行為

③　取引に関して，脅迫的な言動をし，または暴力を用いる行為

④　風説を流布し，偽計を用いまたは威力を用いて貴社の信用を棄損し，または貴社の業務を妨害する行為

⑤　その他前各号に準ずる行為

【誓約書違反に対する処分】

第9条　　在職中に上記各条の違反，またはそれに準ずる行為が発覚した場合，懲戒処分となる場合があることを確認します。

【退職後の競業避止義務の誓約】

第10条　　退職後原則として1年間は，本店や支店が所在する都道府県内において，

貴社と競業関係に立つ他社への転職，役員への就任，および事業を自ら開業または設立する行為を行ないません。また，退職後に貴社従業員との接触を行わず，引き抜き行為をしません。

【損害賠償】
第11条　故意または過失により貴社に損害を与えた場合，貴社が被った一部または全部の損害を賠償することを約束します。

　　　　　　年　　　月　　　日

　　　　　　　　　　　　　　　　住所
　　　　　　　　　　　　　　　　氏名　　　　　　　　　印

秘密保持に関する合意書

　　株式会社●●●●（以下「甲」という）と　　　　　　　（以下「乙」という）は，以下の事項に関して合意するものと致します。

【秘密保持の確認】
第1条　乙は甲に勤務するにあたり，以下に示される甲の技術上または営業上の情報（以下「秘密情報」という）に関する資料等一切について，原本はもちろん，そのコピー及び関係資料等，甲の許可なく，如何なる方法をもってしても，開示，漏洩もしくは使用しないこと確認致します。
　　①　商品開発，作成及び販売における企画，技術資料，製造原価，価格決定等の情報
　　②　財務，人事その他経営に関する情報
　　③　他社との業務提携に関する情報
　　④　顧客および取引先に関する情報
　　⑤　以上の他，甲が特に秘密保持対象として指定した情報

【秘密の帰属】
第2条　乙は，秘密情報は甲の業務上作成または入手したものであることを確認し，当該秘密情報の帰属が甲にあることを確認致します。また当該秘密情報について，乙に帰属する一切の権利を甲に譲渡し，その権利が乙に帰属する旨の主張をしないことを確認致します。

【退職後の責任】
第3条　秘密情報については，甲を退職した後においても，開示，漏洩もしくは使用しないことを確認致します。また秘密情報が記載・記録されている媒体の複製物および関係資料等がある場合には，退職時にこれを甲にすべて返還もしくは廃棄し，自ら保有致しません。

【秘密情報の複製等の禁止】

第４条　秘密情報が記載・記録されている媒体については，職務遂行以外の目的で複製・謄写しないこと，および職務遂行以外の目的で甲の施設外に持ち出しをしないことを確認致します。

【秘密保持期間】

第５条　本件秘密保持契約は，退職後であってもその効力を有することと致します。

【合意内容の非開示】

第６条　乙は本件合意書取り交し後，甲ならびに関連会社・グループ会社の従業員，および新たな就職先等の第三者に対して本件合意書および本件合意内容を開示致しません。

【損害賠償】

第７条　前各条項に違反した場合，法的な責任を負担するものであることを確認し，これにより甲が被った一切の損害を賠償することを約束致します。

　２．乙が甲を退職後，前各条項に違反したことが発覚した場合は，法的な責任を負担するものであることを確認し，これにより甲が被った一切の損害を賠償することを約束致します。

【信義則】

第８条　甲と本件合意書の記載事項に疑義が生じた場合，もしくは，本件合意書に記載なき事項については，甲と乙は信義を以って誠実に協議することを約束致します。

　　　　年　　月　　日

　　　　　　　（甲）　住所　東京都●●　●－●－●
　　　　　　　　　　　　　　株式会社●●●●
　　　　　　　　　　　　　　氏名　代表取締役●●●●　　　　　　印

　　　　　　　（乙）　住所
　　　　　　　　　　　　　　氏名　　　　　　　　　　　　　　　　印

入社時の大切な書類②

身元保証人は2人

■ 身元保証人・相談先・緊急連絡先として活用

身元保証人は，雇い入れた社員の人物を保証する役割や，社員の過失で会社に損害を与えたときに，賠償の責任を負ってもらう役割を持っています。加えて，近年は社員が労使トラブルを起こしたときや，うつ病などのメンタルヘルス不調になったときの**相談先・緊急連絡先**としての役割も大きくなっています。

身元保証書も誓約書と同じく法令で義務づけられているものではありませんが，何か起こったときのためのリスク対策として，就業規則に提出書類として義務づけておきます。

■ 身元保証人に適した人は

身元保証人は，原則として2名とし，保証能力がある「独立して生計を立てている成人」であることを条件とします。また，会社からあまり遠いところに住んでいると，話し合いをするにも時間やお金がかかってしまいますから，地域は近隣県内に限定しておくのがよいでしょう。

保証人は，**社員から一定の距離があり，客観的に物事を見ることができる立場の人**がよいでしょう。配偶者を身元保証人にすれば，その配偶者が社員の肩をもって会社と対立するというケースもありますから，配偶者以外にも，連絡相談ができる人を広げておくほうがよいでしょう。

身元保証書の有効期限は，期間を定めていない場合は3年間まで，期間を定めている場合は長くても5年間までと法律で決められており，効力が失われる前に更新してもらうのが原則です。ただ，トラブルを起こしやすいのは勤続年数が比較的短い社員です。入社時は必ず提出してもらい，更新については，実務上の手間などを考えて判断するとよいでしょう。

◇身元保証書《例》

株式会社●●●●

代表取締役　●●●●　殿

身元保証書

被用者氏名　　　　　　　　㊞

年　　　月　　　日生

　上記の者（以下「被用者」という）が貴社に入社するに際し，私は次のように貴社に対して身元保証致します。

　1．被用者が貴社の就業規則その他諸規則を守り，忠実に勤務することを保証致します。

　2．被用者が貴社との雇用契約に違反し，または故意にもしくは過失により万一貴社に損害を被らしめたときは，ただちに被用者と連帯して損害を賠償致します。

　3．被用者に健康上の問題等が生じた場合は，相談窓口となり誠実に対応致します。

　4．被用者が下記事項に該当するに至ったときは，相談窓口となり誠実に対応致します。

　（1）　転勤または異動があった場合

　（2）　無断欠勤をした場合または欠勤が5営業日連続した場合

　（3）　傷病により休職を開始する場合，および休職期間満了により退職する場合

　（4）　休職期間中に被用者に課した症状などの報告義務の履行，社会保険料納付，その他誓約事項の未遵守がある場合

　（5）　被用者の不始末により株式会社●●●●に損害を与えた場合

　（6）　懲戒処分に該当した場合

　（7）　その他就業規則その他の規定に違反した場合

　5．この保証期間は本日より5年間と致します。ただし，期間満了3か月前までに貴社より書面をもって保証契約を更新したい旨の申出があった場合には，引き続き5年間，本契約と同一条件で更新する用意があることを申し添えます。

　6．私が下記事項に該当するに至ったときは，遅滞なくこれを通知致します。

　（1）　後見・保佐または破産の宣告を受けたとき

　（2）　日本の国籍を失い，または海外に移住したとき

　（3）　身元保証契約を解除したとき

年　　月　　日

住所
電話番号　　（　　　）　　　　　携帯電話　　　　（　　　　）
本人との関係
勤務先
身元連帯保証人氏名　　　　　　　　　　　　　　　　　　　印

8 試用期間中に注意すること
試用期間は本採用が大前提

■　簡単に本採用拒否はできません

　慎重に社員を採用しても，実際に働いてもらわなければ，勤務態度や適応性，本来の能力などはなかなか見えてこないものです。

　多くの会社では，採用した社員の能力や適応性などを見極めるために試用期間を設けています。長く一緒に仕事ができるかどうかを判断する，いわば「お試し」の期間なのですが，それほど軽いものではありません。

　試用期間中といえども雇用契約は成立しているので，試用期間満了とともに本採用に移行することが大前提となります。これを，試用期間満了で本採用拒否とするには，解雇と同じく「客観的に合理的で社会通念上相当であると認められる理由」が必要です。つまり，ハードルが高いと考えるべきなのですが，「試用期間中は簡単に解雇できる」と誤解している経営者もまだまだ多いのです。

■　本採用拒否をする場合の手順

　本採用拒否をするには，少なくとも次のような手順を踏まなければなりません。

(1)　試用期間の本採用取消事由を就業規則に記載する。

(2)　社員には，どういう場合に本採用拒否をするのかを説明する。

(3)　勤務態度，能力などを一定の基準のもとに評価する基準表を作成する。

(4)　(3)の評価基準に沿って，試用期間中の従業員を一定期間ごとに評価する。

　　　評価結果が低い従業員には，教育・指導を行う。

(5)　(4)の教育・指導を何度か行う。

　　　教育・指導を行った際は，その都度，記録を残しておく。

具体的に見ていきましょう。

(1) まずは就業規則に「試用期間を設ける旨」とともに「試用期間の長さ」，どんな場合に本採用拒否をするかの「**本採用取消事由**」を記載しておきます。試用期間の長さは，３か月を設定している会社が多いのですが，適格性を見極めて教育・指導を行うには３か月では短いかもしれません。万が一，解雇する場合には30日前に予告をしなければならないことを考慮すると，余裕をもって６か月設定にすることをおすすめします。

(2) 社員には，入社時にどういう場合に本採用を取り消すのかを説明し，会社が適応性を判断するという試用期間の趣旨を理解してもらいます。会社が求める適応性や，能力を具体的に伝えるとよいでしょう。

(3) 勤務態度，能力などを項目別に一定の基準のもとに評価する基準表を作成しておきます。ルールや約束を守るか，業務命令に従うか，責任感，倫理，向上心があるかどうかなどをチェック項目にします。会社で独自に基準を設けるとよいでしょう。82ページに評価基準表の例を挙げています。

(4) この評価基準に沿って，試用期間中の社員の基本能力や技術を評価します。このとき客観性を保つために，社員の自己評価とともに，会社側も上司と役員など，複数の目から判断するようにします。

　評価が低い社員には，面談をします。ただ「評価が低い」と伝えるだけではなく，「こうしたらどうか」と教育・指導を行い，場合によっては異動を行い，本採用に移行するために前向きな姿勢を示します。

(5) こうした面談を何度か行い，それでも社員の適応性に改善が見られない場合に，本採用拒否を行います。このとき，評価基準表の評価結果と，教育指導の履歴が，「客観的に合理的で社会通念上相当であると認められる理由」の一つとなります。

　なお，本採用拒否は「解雇」にあたるので，解雇の手続きとして試用期間満了の日の30日以上前には解雇予告をします。その際，評価基準表

と教育指導の履歴を教えるなど，本採用拒否の理由を明確に伝えるようにします。

◇試用期間の本採用取消事由　就業規則の規定例

【本採用取消事由】

第○条　試用期間中の社員が次の各号のいずれかに該当し，会社の社員として会社が不適当であると認めた場合，採用を取り消し，本採用をしません。ただし，改善の余地があるなど，特に必要と認めた場合は，会社側の裁量により，試用期間を延長し，採用取り消しを留保することがあります。

(1)　正当な理由なく欠勤・遅刻・早退を繰り返し，出勤状況が悪い場合

(2)　会社からの指示に従わないなど職場における協調性に欠ける場合

(3)　労働意欲が無いなど勤務態度が悪い場合

(4)　履歴書・職務経歴書・事前確認書・健康告知書など会社に提出した書類の記載事項に偽りがあった場合

(5)　会社が提出を求めている必要書類を提出しない場合

(6)　会社が要求する職務能力が不足し，改善の見込みが乏しいと会社が判断した場合

(7)　身体または精神の状態が勤務に耐えられないと会社が判断した場合

(8)　第○章に定める服務規律の各規定に違反した場合

(9)　【解雇】規定に定める事由に該当する場合

(10)　暴力団や暴力団員等の反社会勢力と関係があると判明したとき

(11)　その他上記に準ずる，当社の社員としてふさわしくない事由が存在する場合

評価基準表

Ⅰ　職務遂行能力

（「職務遂行のための基準」ごとに，該当する欄に○を記載）
Ａ：常にできている　Ｂ：大体できている　Ｃ：努力が必要
「評価の対象外」の場合は／（斜線）

働く意欲と取組（自らの職業意識・勤労観を持ち職務に取り組む能力）		評価結果		
		自己評価	上司評価	役員評価
1	法令や職場のルール，慣行などを遵守している。			
2	出勤時間，約束時間などの定刻前に到着している。			
3	上司・先輩などからの業務指示・命令の内容を理解して従っている。			
4	仕事に対する自身の目的意識や思いを持って，取り組んでいる。			

Ⅱ　技能・技術に関する能力

（1）　基本的事項

（「職務遂行のための基準」ごとに，該当する欄に○を記載）
Ａ：常にできている　Ｂ：大体できている　Ｃ：努力が必要
「評価の対象外」の場合は／（斜線）

技術者倫理の遵守		評価結果		
		自己評価	上司評価	役員評価
1	技術者としての自覚や社会的責任を持って仕事をしている。			
2	日常の業務に関連する法的又は倫理的な問題について常に問題意識を持って取り組んでいる。			
3	正当な理由なく業務上知り得た秘密を他に漏らしたり，盗用したりしない。			
4	自分の職務や専門分野に関連する時事問題に関心を持ち，日ごろから問題意識を高めている。			

有期雇用契約で社員を採用する場合

試用期間代わりの採用には要注意

■ 契約期間満了で雇用関係が解消される

前項でお話ししたとおり，正社員を雇い入れる場合は試用期間中といえども雇用契約が成立しているので，試用期間満了とともに本採用に移行することが大前提です。本採用拒否することは簡単にできません。

そのため，有期雇用契約社員（契約社員）として採用するのも一案です。有期雇用契約社員であれば，原則として契約期間の満了とともに雇用関係が解消されますので，採用のミスマッチがわかれば，雇用契約の更新をしないという選択が可能となります。契約社員を雇うときのルールは次の項から詳しく説明しますが，この項では，正社員として雇うかどうか判断したいときに有期雇用契約を結ぶ場合の注意点について説明しましょう。

■ 契約社員と正社員の制度に明確な違いをつける

「正社員として採用するには少し不安がある」「一定期間働いてもらってから正社員として登用するかどうか判断したい」というときに，契約社員として採用する場合があります。

ただし，この方法をとるには十分な注意が必要です。契約期間が「実態は正社員の試用期間である」と判断された場合，通常の試用期間と同様の扱いになる裁判例が過去にあるからです。

したがって，「契約期間の名を借りた試用期間」と受け取られないように，厳格なライン引きが必要とされます。

まず，採用のときには，「契約社員としての採用」で，原則は契約期間満了後に「当然に雇用契約を終了する」ことで合意を得て，有期雇用契約社員用の雇用契約書を交わします。「試用期間の代わり」「適応性を見極める期間」など，実質は試用期間と受け取られるような言い方は避けます。

一方では，適応性があれば正社員に登用したいという思惑もあるわけですから，**契約社員から正社員へ登用する制度は，前もって整備しておかなければなりません。**その上で，採用時に，正社員への道がまったくないわけではないが，正社員登用への規定のプロセスを踏まなければならないことを，就業規則を引き合いにして説明します。また，前提として求人票等にも契約社員での採用もある旨を明示する必要があります。

　このように，契約社員と正社員の制度には明確な違いがあることを規定や運用で示すのです。規定のプロセスを経て正社員に登用する場合は，契約期間満了時に改めて正社員用の雇用契約書を交わします。

◇有期雇用契約での採用法

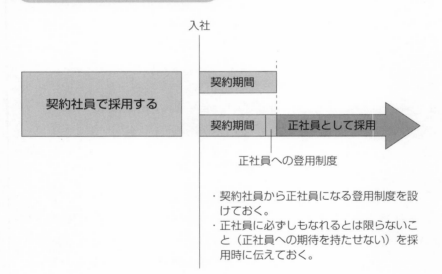

入社

契約期間

契約社員で採用する

契約期間　正社員として採用

正社員への登用制度

・契約社員から正社員になる登用制度を設けておく。
・正社員に必ずしもなれるとは限らないこと（正社員への期待を持たせない）を採用時に伝えておく。

10 有期雇用契約社員を雇う場合①

契約期間中は雇用が守られている

■ 「有期」だけじゃない　正社員との違い

　有期雇用契約社員（契約社員）の正社員との違いは，「雇用契約が無期か有期か」だけだと思っている経営者も多いようです。しかし，契約社員を雇うルールは近年，大きく変化しています。ここで認識をあらたにしておきましょう。

　契約社員とは雇用期間に定めがある社員のことですから，**雇用契約期間が満了したときは，雇用契約は当然に終了する**ことになります。

　業務の繁閑を調整するために期間限定で活躍してもらえる，更新をする場合は契約期間ごとに労働条件などで見直しができるなどのメリットがあります。なお，**期間満了時に更新をしないことを雇止め**といいます。

■ 契約期間中の解雇は難しい

　ただ，有期雇用契約の雇用は，よほどのことがない限り契約期間満了までは保証されているといえます。本人に過失があったり，能力不足があったりしても，「契約期間満了までは雇用が継続する」ということです。

　このように，**契約期間途中での解雇については，期間に定めがない社員の解雇よりも厳しい条件になる**ということを覚えておきましょう。同様に，社員からもよほどの事情がない限り契約解除はできないとされていますが，実態としては自己都合の中途退職は広く認められます。

　契約社員の雇用契約期間は，原則として上限は3年です。専門的な知識等をもつ労働者，60歳以上の労働者の場合は上限が5年とされています。ただ，契約期間中は原則として解雇できないことなどを考慮して，契約期間は1年以内にしておくべきでしょう。

　有期雇用契約には，雇用契約の継続が不安定な分，91ページの表で挙げるようにいろいろなルールが課せられています。

11 有期雇用契約社員を雇う場合②
雇用契約時と雇止めの注意点

■ 雇用契約時の注意点

　有期雇用契約社員（契約社員）を募集するときは，有期雇用契約であることを書面で明示しなければなりません。募集するときは「正社員募集」とだけ明示して，採用時に「実は契約社員で雇い入れたい」というようなことはできないのです。

　また，雇用契約を結ぶときは，雇用契約の期間，更新の有無，更新する際の具体的な判断基準を明示しなければなりません。

■ 雇止めできないケースに注意

　契約期間満了で雇止めしたとき，次のような場合は雇止めが無効となることがありますので，注意が必要です。

(1)　有期雇用契約が過去に何度か更新されていて，事実上正社員と同様であるとみなされるとき

(2)　次回も更新されると期待するような合理的な理由があったとき

　(1)は，有期雇用契約が何度も更新されていると，社員の方は「これからも契約が更新されていくのではないか」と期待するようになります。つまり，正社員のように雇われ続けるのだと考えるわけです。そのため，何度か更新した後に雇止めをするときは，正社員の解雇と同様に「客観的・合理的で社会通念上相当な理由」が必要となってくるのです。

　(2)は，会社側が雇用の継続を匂わせるような言動をした，同じような地位にある社員がこれまで契約を更新されていたなど，「次回も更新されるのではないか」と期待させるような理由があれば，期待を裏切るような雇止めはできない，ということです。

■　契約期間満了時のトラブルを防ぐために

　雇用契約期間満了時にトラブルにならないように，会社は更新・雇止めのルールを整備して，しっかり実行しなければなりません。

　まず，有期雇用契約社員向けの就業規則を作成し，そこで原則として**更新の有無，有期雇用契約を更新する場合の判断基準を明記**します。

　有期雇用契約社員の更新の有無には，「自動更新」「更新する場合があり得る」「契約の更新はしない」などの記載方法がありますが，ここははっきり「更新しない」としましょう。更新する場合の判断基準も，本人の申し出がある場合を含めて，会社側に裁量を持たせる内容にするのがポイントです。

　そして，契約満了で退職とするときは，**契約満了日の30日前までに雇止めの予告をします（雇入れから１年超の場合）**。トラブル防止のために，できる限り早めに伝えることも必要でしょう。

　契約更新の限度回数を決めたり，契約期間の上限を定めておくのも一つの方法です。次項で説明するように，有期雇用契約の反復更新で通算５年を超えた場合，社員が希望すれば無期雇用契約に転換しなければなりません。そのため，契約期間の上限を「５年」と定めている会社も多いようです。

■　雇用契約締結時に更新の有無を明確にする

　雇用契約を締結する際は，あらかじめ社員に，更新する場合の判断基準を説明し，また更新の限度回数や契約期間の上限があれば，そのことを伝えるようにします。雇用契約書にも，それらのことを明示しておきます。

　更新する場合は，実質的に自動更新とみなされるようなことはせず，毎回更新手続きを行います。

■ 無期雇用契約社員への転換制度に備える

2013年4月の労働契約法の改正により，**有期雇用契約が反復更新されて通算5年を超える場合には，社員が希望すれば無期雇用に転換される**ことになりました。ただ，これは正社員になるのではなく，雇用契約期間が「期間の定めなし」に変わるということです。週の労働日数や労働時間など，他の労働条件はそのままでもかまいません。

ただし，会社側は無期雇用契約社員の社員向けルールを整備しなければなりません。

というのも，ルールを整備しないまま，これらの社員を受け入れると，同じ無期雇用契約ということで，何かあったときには正社員用の就業規則が準用されてしまう恐れが出てくるためです。例えば，正社員のみに退職金制度を整備していたような場合，退職金制度がそれらの区分の社員にも適用されてしまうということになります。

■ 同一労働同一賃金

働き方改革関連法のなかで，同一労働同一賃金が法制化され，2020年4月（中小企業は2021年4月）より施行されることになりました。正社員と契約社員・パートタイムなどの有期契約社員との間で，同じ職務に従事しているにもかかわらず，「有期契約社員だから」という理由のみをもって，異なる処遇をすることは原則認められなくなります。2018年12月に策定された「同一労働同一賃金ガイドライン」などに照らして，不合理な待遇差を解消しなければなりません。

対策としては，正社員とそれ以外の社員との業務内容や職責を明確に分けて，正社員と契約社員とは職務が違うということを明示します。運用面でもその区別をしっかりと守っていくのが肝心です。

◇無期雇用契約への転換ルール

2013年
4月1日
以降

雇用　更新　更新　更新　更新　更新　転換

社員からの申し込み

有期雇用契約

無期雇用に転換

通算して5年

◇正社員と有期雇用契約社員の職務の違いを明確化する

＜経理部門の例＞

職　務　基　準	正社員	有期雇用契約社員
決算書をもとに銀行と交渉	●	
予算及び決算の説明	●	
予算書の作成	○	
決算書の作成	○	
試算表を作成	○	
日々の経理伝票の作成	○	●
伝票をもとに会計データを入力	○	●

●は実際にする業務，○はできる業務

有期雇用契約社員の労働保険・社会保険

要件を満たせば加入する

■ 労働保険・社会保険加入に関する誤解

労働保険（労災保険・雇用保険），社会保険（健康保健・厚生年金保険）は加入要件が決まっています。そのため，有期雇用契約社員（契約社員），特に短時間で働くパートタイマーなどは一律に加入しなくてもよいというのは，よくある誤解です。パートタイマーなどの契約社員でも，その名称に関わらず，加入要件を満たしていれば，労働保険や社会保険に加入させなければなりません。これらの加入要件を満たしているかいないかを明確にするためにも，雇用契約書は有用です。

パートタイマーなどの短時間労働者についての労働保険・社会保険の加入要件は，次のとおりです。

◇労災保険の加入要件

> 会社が雇用し，給与を払うすべての労働者

労災保険は，雇用契約期間の有無，所定労働日数・時間数，名称（正社員，契約社員，パート，アルバイト，嘱託社員）等に関わらず，会社が給与を支払っている労働者であれば，すべて加入対象となります。

◇雇用保険の加入要件

> (1) １週間の所定労働時間が20時間以上
> (2) 雇用期間が継続して31日以上（見込み含む）

上記二つの要件を同時に満たしていれば，雇用保険にも加入しなければなりません。

なお，2017年より65歳以降，新たに雇入する社員も加入対象となっています。雇用保険料については，現在は免除されていますが2020年からは徴収されます。また，2か所以上で勤務し，双方で加入要件を満たす社員がいる場合は，賃金が多い方の会社のみでの加入となります。

◇社会保険（健康保険・厚生年金保険）加入要件

> 1週間の所定労働時間と1か月の所定労働日数が，その会社で働いている正社員の4分の3以上

例えば，ある会社で正社員の所定労働時間が1週間で40時間，所定労働日数が1か月で20日の場合，それらの「4分の3以上」，つまり週30時間以上，月15日以上働いているパートタイマーは加入対象となります。

さらに，従業員（社会保険の被保険者）が501人以上の会社では，加入対象が拡げられており，週の所定労働時間と月の所定労働日数が正社員の4分の3未満であっても，①所定労働時間が週20時間以上，②雇用期間が1年以上見込まれる，③賃金の月額が8.8万円以上（年収がおよそ106万円以上），④学生（夜間学生は除く）でない，という，これらすべての条件を満たせば，社会保険に加入させなければなりません。

◇有期雇用契約社員を雇うときのルール

○募集時
・有期雇用契約社員を募集することを明示する。
○雇用期間の上限の原則
・雇用期間の上限は原則として3年。専門的な知識等をもつ労働

者，60歳以上の労働者の場合は上限が５年。

◯雇用契約締結時

・雇用契約の期間・更新の有無・更新の具体的な判断基準を明示する。

◯解雇について

・原則として，労使双方とも契約期間途中の契約解除はできない。

◯雇止めができないとき

・自動更新されているなど，有期雇用契約が形骸化し，事実上，期間の定めがないとみなされるとき。

・次回も更新されると期待するような合理的な理由があったとき。

◯待遇差の説明

・正社員と有期雇用契約社員の賃金体系等が違う理由（職務内容・責任範囲，職務の変更・転勤等の有無など）を説明する。

◯無期雇用契約への転換について

・反復更新されて通算５年を超えたとき，社員が「期間の定めのない社員」への転換を希望すれば，応じなければならない。

◯不合理な労働条件の禁止

・正社員と同じ職務内容であれば，正社員と異なる待遇をすることは認められない。

◯雇止めの予告

・〈雇入れから１年超の場合など〉雇止めをする場合は，少なくとも契約期間満了日の30日前までに予告をする。

◯社会保険加入等

・加入要件を満たせば加入する。

服務規律で会社のルールや経営者の信条を伝える

　服務規律は，経営者の信条や社内の遵守事項などを盛り込んだものです。入社時には社員に服務規律を示し，「こんな会社であってほしい」「こんなことをしてはいけない」といったことを具体的に伝えましょう。

　服務規律は，会社のルールとして就業規則に記載しておきます。また，懲戒規定とリンクさせて，服務規律違反は懲戒処分となるようにしておきます。

　各種ハラスメントの防止策など，服務規律には，その時々の情勢に合った内容を規定しましょう。

● 　服務規律で取り決めておくこと（例）

□ 出退勤	□ 服装・身だしなみ
□ 私有の自転車や自動車での通勤	□ 届出・報告・承認事項
	□ 競業避止
□ 欠勤・遅刻・早退・私用外出	□ 機密情報の保護
	□ 管理職の遵守事項
□ 直行・直帰	□ 内部通報
□ 物品やデータの持ち込み・持ち出し	□ セクハラ・パワハラその他各種ハラスメントの防止・相談
□ 所持品検査	□ 秘密保持
□ 遵守事項	□ 個人情報の保護
□ 誠実義務違反・反社会的・迷惑・不正行為等の禁止	□ 電子端末の利用・モニタリング
□ 私的行為の禁止	□ SNS利用
□ 諸々の禁止行為	□ 発明・考案
□ 物品等の取扱い	

第 3 章

雇用契約の内容

〈労働時間・賃金〉

労働時間・休憩時間・休日

法定の基準を知って活用する

■ ルールを最大限有効に活用するには

　会社のルールを作るとき，まず法律で決められたルールを知っておく必要があります。また，法律では明確に定められていなくても，労働者と会社が裁判で争った結果，裁判例として事実上のルールが作られることもあります。会社のルールは，裁判例を参考にしながら法律に基づいて決めなければなりません。

　しかし，その基準をクリアすれば，会社の裁量で自由にルール設定ができる，ともいえます。それに，「この要件が整っているのであれば，この基準でも許可しましょう」といった特例を設けていることもあります。会社の経営をする上で，この特例はとても役立つことが多いのです。

　ところが，法律や判例のルールに従わずに会社の労働ルールを作れば，法律や判例のルールからはみ出した部分は無効となってしまいます。そればかりか，はみ出した部分以外のところも特例ではなく，原則に立ち返って最も厳しい基準に戻されることがあります。

　この章では，労働と賃金のルールの原則を示し，会社ではどのような裁量が残されているか，特例などを活用してどのようなルール決めをしたらよいのかをお伝えします。

■ 労働時間の基本ルール

　労働時間については，労働基準法によって「この時間を超えて働かせてはならない」という上限が決められています。労働基準法は，戦後，時間単位で働く工場労働者を想定して作られたので，常に「時間」をベースにしており，現代のサービス業を中心とした働き方にはマッチしていないのが現状です。労働時間の上限は，後述する変形労働時間制を使わなければ，原則として1日8時間・1週40時間までとなっています。これを**法定労働時間**といいます。

■　休憩時間・休日の基本ルール

　休憩時間，休日についても「最低これだけは与えなければならない」
という基準が定められています。休憩時間は「労働時間の合間にとる，
労働者の自由になる時間」で，**労働時間が６時間を超える場合は45分
以上，８時間を超える場合は１時間以上与えなければなりません。**

　休日は「労働義務がない日」で，**少なくとも週に１日または４週に４
日与えなければなりません。**この最低限の休日の付与を**法定休日**といい
ます。休日と，後述する休暇は混同しやすいので注意しましょう。

◇労働時間の基本ルール

> １日８時間・１週40時間までとする。*　〈法定労働時間〉
>
> ＊次の業種と規模に該当する事業所は，法定労働時間は週44時間が認められている。
> 〈特例措置対象事業場〉商業，映画・演劇業，保健衛生業，接客・娯楽業で，労働
> 者が常時10人未満

◇休憩の与え方の基本ルール

> ①　労務から離れ，社員が自由に利用できるようにする。
> ②　労働時間が６時間を超える場合は45分以上，８時間を超える場
> 　　合は１時間以上与える。
> ③　労働時間の途中に与える。
> ④　社員に一斉に与える（例外あり）。

少なくとも週に1日または4週に4日与える。　〈法定休日〉

■　会社の労働時間・休憩時間の決め方

　会社は，労働基準法で決められた労働時間，休憩時間，休日の基準を守って，始業時刻，終業時刻を決めます。

　会社が決める労働時間を**所定労働時間**といいます。例えば，よく見られる設定は，始業時刻を9時，終業時刻を18時，12時から13時までの1時間を休憩時間にするというものです。労働時間は休憩時間を除いた時間ですから，所定労働時間は法定労働時間と同じ8時間となります。

　パートなどは，所定労働時間を5時間，6時間など正社員より短く設定することが多いです。

■　「休日」と「休暇」の違い

　お客様の就業規則を拝見すると，休日の項目に，「土日，祝日，夏季休暇，年末年始休暇」とすべての休みをまとめて定めているケースをよく見かけます。

　社員にとっては，休日も休暇も，会社が休みということで変わりはないですが，実はその性質は大きく異なり，残業代の計算にも影響が出てきます。休日と休暇の定義は下記のとおりです。

　休日：労働義務がない日
　休暇：労働義務はあるが，労働を免除されている日
　つまり，
　休日：所定労働時間に含まれない
　休暇：所定労働時間に含まれる

となります。

　残業代単価計算に関していえば，下記の式で求められます。

賃金(※1)**÷月の平均所定労働時間**(※2)**×割増率（125％以上）**

（※1）　賃金から除くことができるものは，交通費，家族手当，住宅手当，賞与等
（※2）　月の平均所定労働時間数＝（365日－休日数）×1日の所定労働時間数÷12か月

　つまり休日が多いと所定労働時間が減るため，残業代単価は高くなります。逆に，休日が少ないと所定労働時間が増えるため，残業代単価は低くなります。

　一方，休暇についてはその日数が多くても少なくても残業代単価に一切影響しません。

　ここで注意したいのが「だったら休みの数を減らしてしまおう。」と安易に休みを減らしてしまうと，当然，不利益変更になりますし，なにより，社員の不満が募ります。なぜなら，社員にとって特に大事なことは給与と休みだからです。

　最近では，働き方改革の影響で労働時間短縮の動きが多くみられ，募集・採用においても休みが多く，残業の少ない会社に人気が集まる傾向にあります。そこで今後休みを増やしていくことも検討していくべきですが，残業代単価計算の観点からも，前述（46ページ）したとおり，いきなり休日を増やすのではなく，休暇から増やしていくことで，状況の変化に対応しやすくなるのです。

■　実態に合わせた休憩時間設定

　労働基準法上，休憩時間は労働時間が6時間を超える場合には「45分」，8時間を超える場合には「1時間」を，労働時間内に与えなければなりません。しかし，これは最低基準なので，それより多く休憩を設定することも可能です。一般的に12時から13時までの1時間を休憩として設定している会社が多いと思いますが，それ以外の時間にも休憩をとっているケースも多いと思います。また，休憩時間はまとめて与える必要はなく，合計で「45分」または「1時間」以上与えれば問題ありません。実態に合わせて休憩時間を再設定するのも一案です。

■ 週休１日の労働時間の設定例

　１日８時間労働をすると週５日で40時間になるので，あとの２日は休日にする必要があります。このように法定労働時間は，週休２日制を見越して設定されていますが，所定労働時間の設定次第では週６日の出勤にすることもできます。

　例えば，所定労働時間を月〜金は７時間，土曜日は５時間にすれば，週６日出勤でも週40時間の法定労働時間内に収まります。週１日の法定休日も確保できます。

◇所定労働時間と休憩時間の決め方

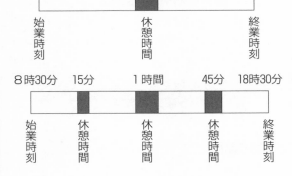

・休憩時間１時間を除いた所定労働時間は８時間。法定労働時間内（１日８時間）に収まる。

・会社にいる時間（拘束時間）は10時間だが，計２時間の休憩時間を除いた所定労働時間は８時間。法定労働時間内（１日８時間）に収まる。

◇所定労働時間と休日の決め方

<table>
<tr><td>⭕</td><td>月</td><td>火</td><td>水</td><td>木</td><td>金</td><td>土</td><td>日</td><td rowspan="2">計40時間</td></tr>
<tr><td></td><td>8</td><td>8</td><td>8</td><td>8</td><td>8</td><td>休</td><td>休</td></tr>
</table>

・1日8時間労働だと，週5日で法定労働時間（週40時間）となるので，2日休日をとる。

<table>
<tr><td>⭕</td><td>月</td><td>火</td><td>水</td><td>木</td><td>金</td><td>土</td><td>日</td><td rowspan="2">計40時間</td></tr>
<tr><td></td><td>7</td><td>7</td><td>7</td><td>7</td><td>7</td><td>5</td><td>休</td></tr>
</table>

・週5日7時間労働，週1日5時間労働にすれば，法定労働時間（週40時間）に収まる。法定休日1日も確保できる。

<table>
<tr><td>❌</td><td>月</td><td>火</td><td>水</td><td>木</td><td>金</td><td>土</td><td>日</td><td rowspan="2">計42時間</td></tr>
<tr><td></td><td>7</td><td>7</td><td>7</td><td>7</td><td>7</td><td>7</td><td>休</td></tr>
</table>

・週6日7時間労働だと週42時間となり，法定労働時間（週40時間）を2時間超えてしまう。

■ 労働時間・休日の上限を超えたら割増賃金を支払う

法定労働時間は,「労働時間は１日８時間まで・１週40時間まで」と決められています。しかし実際は,この規定を守って仕事を収めることはなかなか難しく,法定労働時間を超えて働いてもらうことになります。この労働時間が**時間外労働**です。いわゆる残業です。

１週に１日と決められた法定休日に働いてもらうこともあるでしょう。これを**休日労働**といいます。後述するように（136ページ）,時間外労働や休日労働に対しては,時間外手当や休日手当といった通常の賃金に法定の割増率を上乗せした賃金を支払う必要があります。

また,深夜の特定の時間（22時〜翌５時）に労働する**深夜労働**についても,割増賃金を上乗せして支払わなければなりません。

■ 所定外残業・法定内残業・法定外残業

「時間外労働・休日労働・深夜労働」の区分のほかに,「法定内残業」「法定外残業」の区分があります。

所定労働時間を超えて働いてもらう場合は,**所定外残業（所定外時間外労働）**といって,別途残業代を支払う必要が出てきます。そのうち所定労働時間が法定労働時間より短い場合で,所定労働時間を超えて法定労働時間まで残業させるものを**法定内残業**といいます。一方,法定労働時間を超えて残業させるものを**法定外残業**といいます。例えば,１日の所定労働時間が７時間で,１日９時間働いたとすれば,７時間を超えて法定労働時間の８時間までの残業１時間が法定内残業になります。そして８時間を超えて９時までの１時間が法定外残業になります。

法定内残業については,残業代は時間単価で計算した通常の賃金を残業時間分支払えば問題ありません。法定外残業は,つまり時間外労働のことですから,時間単価で計算した賃金に法定の割増率をかけた割増賃

金を支払わなければなりません。

◇時間外労働・深夜労働 休日労働の区分

・所定労働時間が8時間の場合 （9時〜18時・休憩1時間）

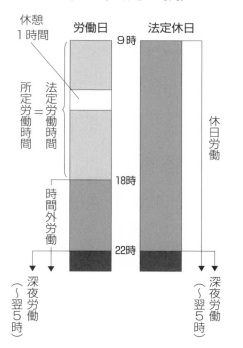

◇法定内残業・法定外残業 所定外残業の区分

・所定労働時間が7時間の場合 （9時〜17時・休憩1時間）

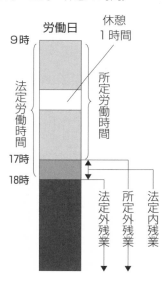

■ 会社は労働時間を適切に管理する責務がある

　時間外労働や深夜労働をさせた使用者は，時間外労働，休日労働，深夜労働別に労働時間を集計し，割増賃金を計算しなければなりません。このため，通常の労働時間や残業時間などを把握し，適切に管理する責務があります。

　では，適切な労働時間管理はどのようにすればよいのでしょうか。

　労働時間を労働者から申告してもらう自己申告制は，それだけでは会社の労働時間管理の責任を果たしているとはいえず，また無用な残業発

生の温床ともなります。とはいえ，本人以外が始業・終業時刻にタイムカードを押すような管理方法は，問題があります。また，出勤簿に印鑑を押してもらうだけで始業時刻・終業時刻の客観的な記録がないような管理も，正確な労働時間が把握できません。

■　労働時間の管理方法

　使用者が始業・終業時刻を確認し，記録する方法としては，厚生労働省が示す基準によると，原則としては次のいずれかの方法によるものとされています。

①　使用者が，自ら現認することにより確認し，記録すること
②　タイムカード，ＩＣカード等の客観的な記録を基礎として確認し，記録すること

　②の方法で行っている会社が多く見られます。よくあるのは社員にタイムカードを備え付けの機器で打刻してもらい，上司が確認する方法です。確かに外に出て仕事をしない工場作業，店舗販売，事務職などの内勤の社員には向いているかもしれません。しかし，直行直帰が多い営業や現場作業などの外勤の社員はどうでしょう？　会社に立ち寄ることなく客先や現場に向かい，あるいは自宅に帰る場合に，備え付けの機器ではタイムカードに打刻できません。都度，手書きや確認が必要となってしまいます。また会社が勝手にタイムカードの打刻時間を修正したり，15分単位で切捨てたりするなどの対応が見られますがこれは問題があります。さらに集計に多くの時間や手間が掛かり，月の途中で残業がどれくらいになっているか確認するのもひと苦労でしょう。

　最近ではそのような会社にクラウド型勤怠管理システムをお勧めしています。会社にいなくてもスマートフォンなどで出退勤の打刻ができ，自動集計されます。不正打刻防止のため，ＧＰＳ機能と連動して打刻場所を把握することができるものもあります。また残業申請機能がある場合は，システム上で簡単にやり取りができるため業務の手間が減ると思います。なりすまし防止機能としては，指紋・静脈による認証システムなどもあります。今後はこのような方法での時間管理が主流になってく

るのではないでしょうか。

■　直行直帰

　直行直帰のルールや直行直帰を行った際の労働時間のカウントはどのようにされているでしょうか？　多くの会社では事前に報告させ，その場合の労働時間は所定労働時間勤務したとみなしていると思います。ただ場合によっては，本当に直行直帰が必要なのか？　と疑いたくなることもあるでしょう。

　そのため，直行直帰はさせないで行きも帰りも必ず，会社に立ち寄らせる方法をとっている会社もあります。すると通常より出社時刻が早くなり，また退社時刻が遅くなります。そのため労働時間（残業時間）が増えます。

　場合によっては，用もないのに会社に立ち寄り，また仕事をするでもなく会社にいるだけの状況にもかかわらず，無駄な残業が発生してしまいます。では，どのようにすればよいのでしょうか。そもそも，直行直帰した際の始業時刻は，現場に入った時刻，終業時刻は，現場を出た時刻となります。つまりその間の時間が労働時間となるわけです。ただ給与については，所定労働時間分働いたとみなし，減額せず支給するといった運用をする会社が多くみられます。

■　残業の事前許可制は厳格に

　労働時間管理では，業務開始時と業務終了時にタイムカードならば社員自身に打刻させるようにします。そもそも，社員は会社の指揮命令下で働くのですから，残業してもうらかどうかを決めるのは会社といえます。そこで「会社が残業を指示した場合や社員の申請に基づき会社が許可した場合に残業となる（事前申請許可制）」ということを就業規則にきちんと定めておく必要があります。ただし，許可をしていなくても，実際に残業をしていた場合には，残業を「消極的にではあるが認めた（黙認していた）」，つまり黙示の指示があったとして残業代が発生します。

そうならないように，許可を受けずに残業している社員に対しては，警告，場合によっては懲戒処分を行うなど，「許可を受けずに残業することは認めない」という厳格な運用を行う必要があります。また申請期限も明確にし，申請や許可のやりとりは書面やメールを用いて記録を残しておきましょう。勤怠システムでは残業申請の機能がついたものもありますので，そういったものを活用するのもよいでしょう。

■ 労働時間管理における休憩時間の取扱い

労働時間管理をする上で，休憩時間の管理も重要になります。例えば，残業をしているときに時間が遅くなってしまったので，一旦夕食をとりに外出した場合，その時間は休憩時間となり，労働時間にはカウントしなくてもかまいません。就業規則や雇用契約書にも，通常の休憩時間のほか，「業務量が増大し，社員の肉体的・精神的負担が強くなると判断した場合は休憩時間をさらにとらせる場合がある」と記載したり，「所定労働時間を超えて労働しようとする際は，さらに○分休憩時間をとること」とした上で，休憩時間も正確に把握をしましょう。

また，所定労働時間内の休憩時間を，「忙しくて休憩がとれなかった」という場合や，残業時に設定した休憩時間を「あと少しで終わるので，休憩をとらなかった」という場合は，実際に業務に従事した時間を労働時間としなければなりません。実際に取れなかった休憩を与えたことにして労働時間から控除してしまうと，残業代の未払いの問題になってしまいます。最低限の休憩時間もとれないことが多いのであれば，しっかり休憩時間をとれるしくみ作りや指導する必要はありますが，労働時間管理についてはそれとは別問題としてカウントしなくてはなりません。

3 残業してもらうとき②

36協定を事前に結び届け出る

■ 残業をしてもらう前に36協定を必ず届け出る

適切な労働時間管理をしていれば，時間外労働や休日労働をしてもらってもいいのでしょうか。いえ，その前にもう一つしておかなければならない段取りがあります。

社員に時間外労働や休日労働をしてもらうには，会社はあらかじめ「時間外労働及び休日労働に関する労使協定」を社員代表と締結し，労働基準監督署に提出しておかなくてはなりません。通称「**36（さぶろく）協定**」と呼ばれています。労使協定の結び方は149ページで見ていきます。

働き方改革関連法の中に時間外労働の上限規制が定められ，2019年4月（中小企業は2020年4月）以降に締結する36協定について，様式等いくつか変更点がありましたが，36協定では次のような事項を取り決めます。

① 時間外労働・休日労働をさせる必要のある具体的事由

② 時間外労働・休日労働をさせることができる労働者の範囲（業務の種類）

③ 業務の種類ごとの社員数

④ 1日あたり，1か月あたり，および1年あたりの時間外労働の上限時間

⑤ 時間外労働と休日労働の合計が月100時間未満および2～6か月平均80時間以内を満たすこと（チェックボックスにチェックが必要）

⑥ 労使協定の有効期間

■ 取り決め事項の注意点～特別条項付き協定

取り決め事項の中で，注意したい点を見ていきましょう。

④の「1日あたり，1月あたり，1年あたりの残業の上限時間」は，

右表のように**限度基準**が決められています。例えば、1か月で45時間を超えた残業は36協定でも原則として設定できないことになります。

どうしても限度基準を超えた残業が必要だという場合、別紙協定書で特別条項

◇延長できる残業時間の限度基準

期　間	一般の労働者の限度基準	3か月を超える1年単位の変形労働時間制の対象者の限度基準
1か月	45時間	42時間
1年間	360時間	320時間

＊限度基準が適用除外となる事業・業務は、①工作物の建設等の事業、②自動車の運転の業務、③医師、など

を付けることで、限度時間を超えた残業時間を設定できます。

特別条項を付ける際も、限度時間を超える残業をしてもらうためには、一時的または突発的な「特別な事情」が必要となります。特別条項付きの36協定を締結する際は、上記の他に

①　臨時的に限度時間を超えて労働させることができる場合（特別な事情）

②　臨時的に限度時間を超えて労働させる必要がある場合における

（1）　1か月あたりの時間外労働および休日労働の合計時間数（100時間未満）

（2）　1年あたりの時間外労働時間数（720時間以内）

③　限度時間を超えることのできる回数（年6回以内）

④　労働者の健康および福祉を確保するための措置

⑤　限度時間を超えた労働に係る割増賃金率

などと決められています。

ただし、特別条項を入れるということは、1か月45時間を超える残業を会社が認めたことになります。つまり、何らかの健康障害のリスクを背負うことになります。長時間残業と健康障害については、次項で説明しましょう。

◇残業時間の設定のルール

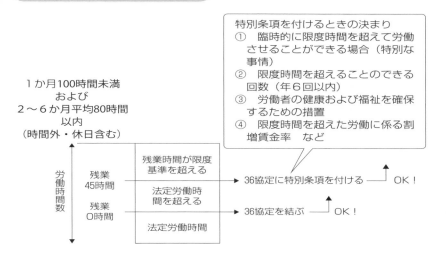

1か月100時間未満
および
2～6か月平均80時間
以内
（時間外・休日含む）

特別条項を付けるときの決まり
① 臨時的に限度時間を超えて労働させることができる場合（特別な事情）
② 限度時間を超えることのできる回数（年6回以内）
③ 労働者の健康および福祉を確保するための措置
④ 限度時間を超えた労働に係る割増賃金率　など

労働時間数

残業45時間

残業0時間

残業時間が限度基準を超える

法定労働時間を超える

法定労働時間

36協定に特別条項を付ける ── OK！

36協定を結ぶ ── OK！

4 安全と健康に配慮する
長時間労働は健康障害のリスクが高い

■ 会社の安全配慮義務

　会社は，雇用契約を結んだ社員に対して，生命や身体等の安全を確保しつつ働くことができるように配慮をしなければなりません。これが**安全配慮義務**で労働契約法第5条に定められています。

　また，会社は労働災害を防止するための様々な措置を講じなければなりません。これは労働安全衛生法の趣旨でもあります。

　特に最近重視されているのは，**長時間労働による健康障害の防止**です。長時間の時間外労働などの過重労働によって，労働者が疲労を蓄積した結果，様々な病気にかかりやすくなるので注意が必要です。過重労働によって健康障害が起きる可能性は，残業時間が長いほど高くなることがわかっています。

■ 安全配慮義務を怠ると高額な賠償金を支払うことも

　業務が原因で怪我をしたり病気になったりした場合は，労働基準監督署に労災事故と認められると，その治療費などは労災保険によって補償されます。しかし，安全配慮義務を怠っていたなど会社側に過失がある場合，特に社員が死亡したり重度の後遺障害が残ったりしたときは，社員やその家族（遺族）から慰謝料や逸失利益を請求される場合があります。

　逸失利益とは，「社員が将来にわたって元気に働いていた場合に受け取るであろう金銭」のことです。社員の年齢や家族構成，また障害の程度等によっては，損害賠償の総額が1億円を超えることもあります。

　会社の過失で労災認定され，さらに安全配慮義務違反で訴えられた場合は損害賠償を免れることは難しいでしょう。さらに最近では労働基準監督署が労災認定しなかったにもかかわらず訴えられ，会社側の責任とされたケースもあります。

このような訴訟は滅多に起こるものではありませんが，発生した場合は労災保険だけでは十分にカバーされていないため，中小企業は倒産に追い込まれる可能性もあります。そこで政府労災保険だけなく損害保険会社の業務災害補償保険などでリスクヘッジを検討しておく必要があるといえるでしょう。

■　長時間労働には医師の面接指導を

　１か月の時間外労働が45時間よりも長くなればなるほど，健康障害のリスクが高まります。会社は社員の過重労働について常に配慮することが大切です。

　また，時間外労働が１か月あたり80時間を超え，かつ疲労が蓄積しているとみられる社員は，健康障害のリスクがあります。

　2019年４月以降については，週の実労働時間が40時間を超えた時間が１か月あたり80時間を超えた社員に対し，都度通知を行い面接指導の希望の有無を確認しなければなりません。たとえ希望がなくても，明らかに疲労の蓄積が認められるような場合には，積極的に働きかけるようにしましょう。そうでないと，万が一労災事故が発生したときに，会社側の安全配慮義務違反が問われる可能性があります。

◇時間外労働時間と医師の面接指導義務

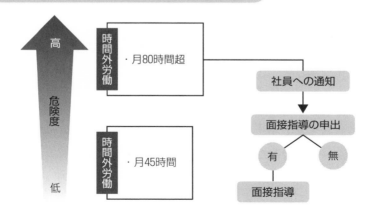

■ ストレスチェック義務化

　職場のメンタルヘルス不調の対策として，2015年からストレスチェック制度が始まり，社員が50人以上の事業所に対してストレスチェックが義務づけられています（社員が50人未満の事業所は努力義務です）。

　このストレスチェック制度の目的は，二つあります。

　一つは，職場環境の改善等により心理的負担を軽減させることです。チェック項目には，「非常にたくさんの仕事をしなければならない」「私の職場の雰囲気は友好的である」等があり，社員自身の仕事の状態や職場環境を把握し，改善することが狙いです。

　もう一つは，社員のストレスマネジメントの向上をうながすことです。

　これについては，「ここ1か月間は活気が湧いてくる状態だ」「ここ1か月間，元気がいっぱいだ」等，仕事における社員の精神状態についての質問があり，社員自身が自分の精神状態を知ることで，ストレスマネジメントを向上させるきっかけとすることが狙いです。

　このようにストレスチェック制度を活用すると，社員自身の仕事の状態，職場環境，社員自身の精神状態等を知ることができます。会社にとって社員のこうした情報は，職場環境改善の精度を上げることにも繋がります。

　ストレスチェック制度の実施義務がない事業場でも，厚生労働省が作成しているホームページ（「こころの耳」）を利用するなどして職場環境の状態を測定する意味合いで実施してもよいかもしれません。労働安全衛生法を遵守していても，ひとたび事故が起きてしまうと，会社は安全配慮義務違反とその責任を問われてしまう可能性があります。こうした問題は会社には責任がなかったことを主張しても認められづらい傾向にあります。しかし，法定以上の取組み等を行っていることで会社の健康や安全に対する姿勢を評価され，過失相殺として損害賠償額が減額されることもあります。まずは社員の健康を考え，問題を発生させないことが第一ですが，こうした観点からも社員の健康管理は「法律を最低限守ればよい」に留まらず，会社の状況を踏まえ，可能な限り1歩，2歩進んだ取組みをしておくとよいでしょう。

◇ストレスチェック制度　大まかな流れ

医師，保健師等がストレスチェック実施

⬇

社員に直接通知

⬇

社員から会社へ面接指導の申出

⬇

会社から医師へ面接指導実施の依頼

⬇

医師による面接指導の実施

⬇

会社が医師からの意見聴取

⬇

会社が必要に応じ就業上の措置の実施

※　就業場所の変更，作業の転換，労働時間の短縮，深夜業の回数の減少等

※　不利益取扱いの禁止

労働時間の特例①

変形労働時間制

■ 労働時間の弾力的な運用

労働時間の基本ルールは、「法定労働時間は、休憩を除いた1日8時間・週40時間まで」で、会社はこの時間内に収まるように所定労働時間を定めます。

しかし、このルールは1日および週ごとにカウントされることになるため、忙しくて残業が多い時期は、残業代がその分発生します。だからといって、暇な時期には終業時刻を早めてその分を残業時間と相殺するということができません。

また、土・日や祝日を休日にしているような場合、祝日が1日あると、その週は4日勤務で労働時間は32時間(1日8時間の場合)となり、週40時間まではあと8時間残っていますが、その週の労働時間を1日10時間にしても、1日8時間を超えているために毎日2時間分の残業代がついてしまいます。

日や週で余った労働時間を他の日や週に振り分けることができれば会社としては、効率のよいスケジュール管理ができるのではないでしょうか。

実は、そのように労働時間を一定期間で弾力的に運用できる制度があります。それが、①1か月単位の変形労働時間制、または②1年単位の変形労働時間制です。

変形労働時間制を簡単に説明すると、「忙しいときは1日・週の法定労働時間を超えて働いたとしても、一定の期間で平均して週40時間までの法定労働時間に収めることができれば、法定内労働として取り扱ってもよい」という制度です。月間や年間で繁閑差が大きい会社は導入を検討してみてください。

「1か月単位の変形労働時間制」「1年単位の変形労働時間制」「1週間単位の非定型的変形労働時間制」の他にも、労働時間管理を緩和する

制度はいくつか用意されています。「事業場外みなし労働時間制」「裁量労働制」「フレックスタイム制」「高度プロフェッショナル制度」です。ただ、これらの制度は運用面で制約があります。詳しくは、120ページを参照してください。

■　１か月単位の変形労働時間制

　１か月単位の変形労働時間制は、「１か月の週平均の労働時間が40時間に収まるようにする」という条件をクリアすれば、残業代を支払うことなく１日、週の法定労働時間を超える所定労働時間を設定することができる、という制度です。会社単位だけでなく、事業所単位、部署単位でも導入できます。

　例えば月末のみ忙しい会社や、営業時間が長くてシフト制を組んでいる会社や業種などに向いています。また、週の所定労働日が少なく、１日の労働時間を長くしても月当たりの週平均労働時間を法定内に収めることができるパートタイマーなどに導入してもよいでしょう。

　また、後で紹介する１年単位の変形労働時間制は１日に10時間までしか働けないので、例えば工場や病院などで２交代制の夜勤で16時間連続勤務する、などという場合にも、この１か月単位の変形労働時間制を採用することになります。

◇1か月単位の変形労働時間制の利点

条件	・一定期間（1か月以内）で1週間あたりの労働時間を平均して40時間以内に収めるように調整する。 ・所定労働時間を定められた勤務シフト表を事前に個別に通知しておく。 　※勤務シフトの作成に不備があった場合，変形労働時間制が否定される可能性もあります。

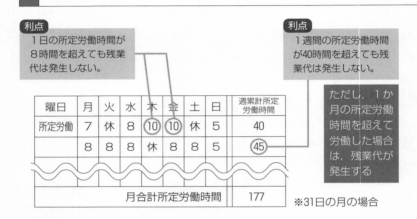

利点
1日の所定労働時間が8時間を超えても残業代は発生しない。

利点
1週間の所定労働時間が40時間を超えても残業代は発生しない。

ただし，1か月の所定労働時間を超えて労働した場合は，残業代が発生する

曜日	月	火	水	木	金	土	日	週累計所定労働時間
所定労働	7	休	8	⑩	⑩	休	5	40
	8	8	8	休	8	8	5	㊺
				月合計所定労働時間				177

※31日の月の場合

① 導入までの流れ

　あらかじめ，就業規則で制度を規定しておきます。社員が9人以下で就業規則を作っていない会社は，労使協定を社員代表と結ぶことでも可能です。ただ，この場合であっても，就業規則を作成した方がトラブル防止のためによいでしょう。

② 運用の決まり

　1か月で1週あたりの労働時間が平均して40時間に収まるように所定労働時間を調整します。1週平均40時間以内に収まるには，1か月の総労働時間数が，31日ある月は177時間以内，30日ある月は171時間以内になるように調整すればよいのです。

　1か月ごとの変形労働時間制の始まりの期間(起算日)を明らかにしておきます。遅くとも変形期間ごとにその起算日の前日までに，個別に所定労働時間を定めた勤務シフト表を作成し，周知しなければなりません。

また，週に１日，もしくは４週に４日の休日を与える必要があります。

③ 残業代の支払い

　変形労働時間制を導入しても，決まりを超えた時間分労働をすれば残業代が発生します。具体的には次のいずれかの場合です。

- ・勤務シフト表で１日８時間を超える労働時間を決めた日は，その時間を超えた場合。それ以外の日（勤務シフト表で８時間以内）は８時間を超えた場合。
- ・勤務シフト表で１週40時間を超える労働時間を決めた週は，その時間を超えた場合。それ以外の週（勤務シフト表で40時間以内）は40時間を超えた場合。
- ・１か月の総労働時間（31日は177時間，30日は171時間）を超えた場合。

■　１年単位の変形労働時間制

　１年単位の変形労働時間制は，「１か月を超え１年以内の週平均の労働時間が40時間に収まるようにする」という条件をクリアすれば，その期間内で，残業代を支払うことなく１日，週の法定労働時間を超える所定労働時間を設定することができる，という制度です。会社単位だけでなく，事業所単位，部署単位でも導入できます。

　毎年，特定の期間で繁忙期・閑散期がある会社に向いています。

　１年単位の変形労働時間制は，１か月単位の変形労働時間制に比べて，月をまたいで労働時間の調整ができるという点で融通がききますが，その分社員には長期間負担を強いることにもなりかねません。そのため，ルールはより厳しくなっています。

① 導入までの流れ

　あらかじめ，就業規則で制度を規定しておきます。労使協定の締結も義務となっています。年間の休日を定めた１年間のカレンダー，または月ごとの労働日数および総労働時間を定め，届出書とともに，初日の前日までに労働基準監督署に届けます。

年間のカレンダーを作成する際に，1日の所定労働時間を固定する場合は，最低限必要な休日数は以下のとおりとなります。

なお，年間で必要な休日数は，1日の所定労働時間に応じて決まってきます。そもそも所定労働時間の上限は1日8時間，週40時間と決まっていますので，年間の所定労働時間は下記のように求められます。

365日÷7日×40時間＝2,085.71時間

必要休日数は，下記のようになります。

1日8時間00分の場合：365日－（2,085時間÷8.00時間）

　　　　　　　　　　＝104.37日……105日

1日7時間45分の場合：365日－（2,085時間÷7.75時間）

　　　　　　　　　　＝　95.96日……96日

1日7時間30分の場合：365日－（2,085時間÷7.50時間）

　　　　　　　　　　＝　87.00日……87日

また，その他にも次のようなルールがあります。

・対象期間が3か月を超える場合は，労働日数の限度は1年あたり280日。

・労働時間の限度は，1日10時間，1週間に52時間。さらに，対象期間が3か月を超える場合は，次の限度になる。

　①　1週間の労働時間が48時間を超える週は連続3週まで。

　②　労働時間が1週48時間を超える週は，3か月ごとに区分した期間の中で3回まで。

・連続して労働できる日数は6日まで。ただし繁忙期（特定期間）と指定した時期は，最長12日連続して労働日を設定することも可能。

---

②　運用の決まり

①で月ごとの労働日数・総労働時間を定めた場合には，各月の労働日および労働日ごとの労働時間（勤務シフト）を，その期間の始まる少なくとも30日前までに定めなければなりません。このようにして定めた勤務シフトや年間カレンダーどおりに勤務させる必要があります。一度決

めたシフトやカレンダーを変更（休日の振替を含む）することは原則で
きません。

③　残業代の支払い

　変形労働時間制を導入しても，決まりを超えた時間分労働をすれば残
業代が発生します。具体的には次のいずれかの場合です。

- ・勤務シフト表で１日８時間を超える労働時間を決めた日は，その時
　間を超えた場合。それ以外の日（勤務シフト表で８時間以内）は８
　時間を超えた場合。
- ・勤務シフト表で１週40時間を超える労働時間を決めた週は，その時
　間を超えた場合。それ以外の週（勤務シフト表で40時間以内）は40
　時間を超えた場合。
- ・労働時間の総枠（１年の期間なら，365日の年は2,085時間，366日
　の年は2,091時間）を超えて労働した場合。

■　１週間単位の変形労働時間制

　１週間単位の変形労働時間制は，１週間の労働時間が40時間以内であ
れば，１日10時間まで所定労働時間を延長することができるという制度
です。労使協定を締結して労働基準監督書へ届け出る必要があり，対象
となる事業所が「30人未満の小売業・旅館，料理店，飲食店」に限られ
ています。このため，実際のところはあまり導入されていません。

6

労働時間の特例②

変形労働時間制以外の特例

■ 特例ルールの制約に注意する

前項の「1か月単位の変形労働時間制」「1年単位の変形労働時間制」「1週間単位の変形労働時間制」の他にも，労働時間を弾力的に運用する制度はいくつか用意されています。ただ，これらの制度は運用面で制約があります。それぞれの概要と注意点を見ていきましょう。

■ フレックスタイム制

フレックスタイム制は，あらかじめ1か月の労働時間の限度を決めておき，社員はその範囲で始業時刻や終業時刻を自由に決めていくという制度です。1か月の総労働時間数の限度枠は，31日ある月は177時間，30日ある月は171時間以内です。

フレックスタイム制では，社員が労働時間に大きな裁量権を持っています。会社は，**必ず働かなければならない時間帯（コアタイム）**を決めておくことはできますが，「何時に出社しろ」「仕事が終わったら早く帰りなさい」などと言うことはできません。会社が労働者の出社・帰社時刻を事前に把握しておけるように定めるということも，原則としてできません。これでは，「朝の10時から会議があるから出席しなさい」と業務命令を出すこともままなりません。

このように会社が労働時間管理をするのが難しい面があります。完全な成果主義などの場合には導入を検討してもいいかもしれません。なお，1か月単位の変形労働時間制とあわせて導入することは可能ですが，1年単位の変形労働時間制との併用はできません。

■ 事業場外みなし労働時間制

社員が外回りの営業などでほとんど会社におらず，会社が労働時間を管理するのが難しいために，会社の外で働いている間は所定労働時間働

いたものとみなす制度です。しかし，携帯電話やスマホを使って，どこでもすぐに相手と連絡をとることができる現在，「会社が管理できない」という状況は考えづらいものです。

　もし適用したとしても，対象となる社員が同一日に事業場外と事業場内で働いた場合，事業場内の労働時間については実労働時間の対象として上乗せをしなければなりません。みなし労働時間が否定されると，それまでの間は，協定した以上の時間外労働はなかったこととしてみなされていますので，実際に時間を計算できた分，すべてが未払い残業代となる可能性があります。

■　（専門業務型・企画業務型）裁量労働時間制

　この制度も，会社が時間配分や仕事の進め方を具体的に指示しにくいような場合に，あらかじめ決めた時間を労働時間とみなすものです。制度が適用できないことになると，みなしていた時間のすべてが残業代未払いになるので，リスクが大きい制度といえます。

　デザイナー，記者，税理士，ゲームクリエーターなどの専門業種に適用できるとされる専門業務型裁量労働制は，専門業種についていれば誰にでもなれるわけではありません。会社や上司から業務について指示を受け，時間配分を管理される単なる作業者は対象外であり，ごく一部の専門職クラスにしか適用されません。

　一方，企画業務型裁量労働制の対象になるのは，本社などで中枢の事業運営等に携わる社員です。高度専門職に限らないので，制度導入・運用のハードルはさらに高くなります。

■　高度プロフェッショナル

　2019年4月から働き方改革関連法の一つとして，高度プロフェッショナル制度が創設されました。しかしながら対象が年収1,075万円以上の金融ディーラーやコンサルタント等に限られており，また年間休日104日以上に加え健康確保措置を行う必要があり，さらに労使委員会の設置を前提とするなど，導入のハードルは非常に高く，特に中小企業では検

討の余地はあまりないものと考えられます。

7

休暇の種類①

給与が支払われる年次有給休暇

■ 年次有給休暇は法定休暇

ここからは休暇のルールについて説明します。

「休日」は，「初めから労働の義務がない日」ですが，休暇は「もともと労働の義務があったが，その労働が免除された日」のことです。労働基準法では，社員に与えなければならない休暇（法定休暇）の一つとして，年次有給休暇を定めています。

年次有給休暇とは，文字どおり会社からの給与が支払われる休暇です。**入社後6か月勤務**した社員には年次有給休暇が付与されます。**以後，1年ごと**に，勤続年数に応じて次ページの表のように付与日数が増えていきます。なお，年次有給休暇が付与されるには，付与日の前1年間（初年は6か月）の**出勤率が80%以上**なければなりません。

年次有給休暇は，正社員だけでなく，パートや契約社員などにも付与されます。勤務時間や勤務日数が短いパートなどには，比例付与といって，1週間に勤務する日数に応じた有給休暇が与えられます。

■ 有休の賃金の支払い方法

年次有給休暇の賃金の支払い方法は，①通常の賃金，②平均賃金，③標準報酬日額の三つからいずれかを選び，規定しておきます。なお，③の支払い方法を採用する場合は，労使協定の締結が必要になります。

■ 会社の時季変更権

原則として，会社は社員が申請した年次有給休暇の日を変更したり，取り消したりすることはできません。ただし，年次有給休暇を申請された日に変更できない業務があり，代替要員がいないなどのやむを得ない場合に限り，申請した日を変更してもらうことができます（**時季変更権**）。

◇年次有給休暇の付与日数（正社員の場合）

勤続年数	6か月	1年 6か月	2年 6か月	3年 6か月	4年 6か月	5年 6か月	6年 6か月
日数	10日	11日	12日	14日	16日	18日	20日

◇比例付与日数一覧表〈週所定労働時間が30時間未満〉

週所定 労働日数	年間所定労働日数 （週以外の期間によって労働日数が定められている場合）	勤続年数						
		6か月	1年 6か月	2年 6か月	3年 6か月	4年 6か月	5年 6か月	6年 6か月
4日	169～216日	7日	8日	9日	10日	12日	13日	15日
3日	121～168日	5日	6日	6日	8日	9日	10日	11日
2日	73～120日	3日	4日	4日	5日	6日	6日	7日
1日	48～72日	1日	2日	2日	2日	3日	3日	3日

■ 会社が決めることのできる有休のルール

　年次有給休暇は，原則として社員がいつでも自由にとることができます。申請も，休暇をとる予定の前日までに行えばよいとされています。

　とはいえ，前日の終業時刻間際に，急に「明日，有給休暇を取ります」と申し出られては，会社の業務に支障をきたすことだってあるでしょう。長期間にわたる有給休暇では，他の社員への業務の引き継ぎも必要になってきます。

　そこで，会社も時季変更権が行使できるよう，年次有給休暇の請求期限について合理的な範囲で会社がルールを決めてもよいことになっています。会社がルールを決めない場合は，原則に準じたものになってしまいます。なお，有給休暇の付与日数は，原則，雇用契約書に定められた所定労働日数が基本となります。

◇年次有給休暇に関するルール事項

① 請求手続き

　有給休暇によって会社の業務が支障をきたさないように，「○日前までに申請する」「休暇に入る前に業務を他の社員に引き継ぐ」など，申請期限や業務の引継義務などを決めることができます。

② 有給休暇の消化順

　付与された年次有給休暇は付与日から**2年間有効**です。前年に発生した有給休暇は翌年まで，当年に発生した有給休暇は翌々年までに消化すればよいのです。ただし，会社が「当年分の有給休暇から消化する」というルールを決めることも可能です。

③ 計画的付与について

　会社は，社員の年次有給休暇の取得時季を，前もって会社と労働者とで決めて，計画的に消化させることができます。これを**年次有給休暇の計画的付与**といいます。活用法としては，夏期休暇，年末年始休暇などに，計画的付与の年次有給休暇を充てるなどがあります。

　ただし，最低5日間は社員が自由に使える年次有給休暇を残しておかなければなりません。例えば，入社初年度の社員には6か月後に10日の年次有給休暇が付与されれば，そのうち5日は社員が好きな日付を指定できます。会社が指定できるのは残る5日までということになります。

　計画的付与をするためには，あらかじめ労使協定を結んでおきます。

④ 事後申請の規定

　本来，年次有給休暇は事前に申請するものですが，当日やむを得ない病気やケガで休むとき，年次有給休暇の事後申請として扱うことがあります。朝寝坊の言い訳などに使われないように，事後申請をする場合の規定は明確にしておきます。

⑤　取得単位

　　年次有給休暇は1日単位での取得が原則ですが，便宜上半日単位の取得も可能とされています。また，別途労使協定を締結することにより年間5日分を限度として時間単位での取得も可能となっています。しかしながら管理が複雑化するため，導入するのは慎重に検討したほうがよいでしょう。

⑥　**年間5日の取得義務**

　　働き方改革の一環として2019年4月以降，年次有給休暇を年間5日取得させることが義務化されました。年間10日以上有給休暇が付与される社員が対象となりますので，正社員はもちろん，パート・アルバイトであっても週の所定労働日数と勤続年数によっては対象となる場合もあります。5日取得していない社員に対して，会社側から取得希望日を聴き，できる限り希望に沿ったかたちで，取得時季を指定する必要があります。この取得義務のある「5日」には，社員が自主的にとったものや，計画年休によるものも含めることができ，半日単位の取得も含めることが可能です（時間単位の取得は含めることができません）。

　　また，取得状況を正確に把握するため，有給休暇の管理簿を作成しなければならないとされています。

8 休暇の種類②

法定休暇と法定の時短制度・特別休暇

■ 会社が認めなければならない休暇・時短制度

法定休暇は，年次有給休暇のほかにもあります。

① 法定休暇

社員が申請すれば認めなければならない法定休暇は，年次有給休暇も含めて下のとおりです。年次有給休暇以外は，休暇中は有給とするか無給とするかは会社が決めることができます。

① 年次有給休暇

② 産前産後休業

③ 育児休業

④ 介護休業

⑤ 子の看護休暇

⑥ 介護休暇

⑦ 生理休暇

② 法定の時短制度

次に挙げる法定の時短制度も，どの企業も導入することが義務化されています。社員が申請すれば認めなければなりません。制度によってはいくつかの措置が用意されており，会社でどの措置をとるかを決めておきます。

短時間勤務などにより少なくなった労働時間分の賃金は，ノーワークノーペイの原則に基づいて，給与から差し引くことができます。

① 妊娠中・出産後の母性健康管理

② 育児のための短時間勤務制度 等

③ 介護のための短時間勤務制度 等

■ 会社が決めることのできる特別休暇

　法定の休暇や時短制度のほかにも，結婚や妻の出産，忌引きのときの休暇など，会社が独自に定めることのできる特別休暇があります。特別休暇制度を設けるときは，特別休暇を取得できる事由，取得期限，日数，休日と重なった場合の扱い，有給とするか無給とするかを就業規則に定めます。

◇法定休暇

	休暇名	内　　容	給与の有無や給付制度など
法定休暇	産前産後休業	産後6週間（多胎児は14週間），要本人の請求。出産日は産前。産後8週間請求の有無に関わらず。	会社が有給か無給かを決める。健康保険にて出産手当金あり。
	育児休業	産後休業後，子どもが1歳になるまで。父親（は出産日後）も取得可能。父親母親ともに取得する場合は1歳2か月まで。経過後も保育所に入れられないなどの場合は最長2歳まで取得可能。	会社が有給か無給かを決める。雇用保険にて育児休業給付金の支給あり。
	介護休業	要介護状態の家族1人につき通算93日まで。3回を上限として分割取得可能。	会社が有給か無給かを決める。雇用保険にて介護休業給付金の支給あり。
	子の看護休暇	小学校就学前の子どもの病気などの看護のため。子ども1人で年間5日まで，2人以上で10日まで半日単位でも取得可	会社が有給か無給かを決める。
	介護休暇	要介護状態の家族の介護のため。家族1人で年間5日まで，2人以上で10日まで半日単位でも取得可	会社が有給か無給かを決める。
	生理休暇	女性社員で，生理日に著しく就業が困難なとき。社員が希望する日数	会社が有給か無給かを決める。

◇法定の時短制度

	時短制度	制度の内容
法定の時短制度	妊娠中・出産後の母性健康管理	妊娠中，または出産後１年を経過しない女性社員が，医師などの診査を受けるために。労働時間から，通院に必要な時間を確保する。
	育児のための短時間勤務制度 等	３歳未満の子どもの養育のために次の制度を設ける。 ① 所定労働時間を６時間に短縮 ② 所定労働時間を超えた労働時間の免除
	介護のための短時間勤務制度 等	要介護状態の家族の介護のために次のいずれかの措置をとる（介護休業とは別に，利用開始から３年の間で２回以上の利用が可能）。 ① 所定労働時間の短縮 ② フレックスタイム制度 ③ 始業・終業時刻の繰り上げ・繰り下げ ④ 介護サービス費用の負担など

賃金を決める①
争いの多い賃金の決め方に注意

■ 賃金の支払いのルールを決める

「最初の約束と違う」と社員からの不平不満が吹き出してくるのは，決まって労働時間と賃金です。賃金の約束は，雇用契約の中でも特に慎重を期したい項目です。

賃金の額，計算方法，手当の種類などは，基本的に会社が自由に決めてかまいません。ただし，賃金は社員の生活に直接関わってくる問題だけに，給与規程を作って賃金の支払いルールを明確にし，社員に示して合意をとっておくべきです。その際，次のような事項は就業規則に定めておく必要があります。

◇賃金の項目

(1) 賃金の構成要素

(2) 賃金の計算方法

(3) 賃金の支払方法

(4) 賃金の控除

(5) 不就労についての扱い

(6) 割増賃金の支払い

(7) 昇給・降給について

(8) 賞与について

(9) 退職金制度について

■ 賃金の構成要素は基本給と手当

賃金の主な構成要素は，**基本給**と**手当**です。またそれらは，月，日，時間，出来高をベースに支払われます。

毎月支払われる賃金のうち，基本給は勤続年数や能力，経験などを考

慮し決定する賃金です。目的に応じて会社が独自に決めて支払う賃金が手当です。手当を支給するときは，その手当の性質や支給条件まで明記します。

■　最低賃金を意識して賃金を計算する

　賃金形態には，時間単位で賃金を決める時給制，日単位で賃金を決める日給制，月単位で賃金を決める月給制などがあります。パートやアルバイトだから時給制で，正社員だから月給制だという決まりはありません。

　ただし，**最低賃金**といって，会社が社員に対して最低支払わなければならない賃金額が都道府県ごと，または特定の産業ごとに決められています。賃金額を決めるときは，必ず時間単位で決められた最低賃金の金額以上となるようにしなければなりません。最低賃金を下回る額で働かせていた場合は，最低賃金法違反（罰則あり）となり，支給した賃金額と最低賃金額との差額を過去２年までさかのぼって支払わなければなりません。

　最低賃金は毎年10月ごろに改定され，2016年以降については，毎年３％ずつ（およそ20円〜30円）上昇させ，全国加重平均で1,000円を目指すとされており2019年10月の改定で全国加重平均が900円を超えました。高めに賃金を設定しているつもりでも，改定時期には確認が必要です。時給制であれば，そのままの額で確認できますが，月給制では，いったん時給に換算した金額が最低賃金より上かどうか確認してみなければなりません。

◇最低賃金以上かどうかを確認する計算方法

　まず，最低賃金の対象となる賃金は，毎月支払われる基本的な賃金です。具体的には，実際に支払われる賃金から次の賃金を除いたものとなります。

(1) 臨時に支払われる賃金（結婚手当など）

(2) 賞与など1か月を超える期間ごとに支払われる賃金

(3) 時間外・休日・深夜勤務に対する割増賃金

(4) 精皆勤手当，通勤手当及び家族手当

(1) 時給制の場合

時間給≧最低賃金額（時間単位）

(2) 日給制の場合

日給÷1日の所定労働時間≧最低賃金額（時間単位）

(3) 月給制の場合

月給÷1か月平均所定労働時間≧最低賃金額（時間単位）

※ 1か月平均所定労働時間の求め方は135ページ参照

(4) 出来高制の場合

出来高給÷総労働時間≧最低賃金額（時間単位）

※ 総労働時間は，所定労働時間＋残業時間です。

※ 上記(1)～(3)と出来高制の併用の場合は，合計額が最低賃金額以上か否かで判断します。

例） 月給制＋出来高制の場合

（月給÷1か月平均所定労働時間）＋（出来高給÷総労働時間）

≧最低賃金額（時間単位）

■ 賃金の支払い方法～賃金支払い5原則と賃金支払日

賃金をどのように支払うかは，労働基準法で定められた**賃金支払い5原則**に従います。社員本人に①直接，②現金で，③全額，④毎月1回以上，⑤決められた期日に支払います。本人の同意を得て，本人の口座に振り込むことができます。

また，賃金の**締め日**と**支払日**を決めておかなければなりません。

■ 賃金の控除

上記のように「全額払い」のルールがありますが，社会保険料，所得

税，住民税は控除してもよいことになっています。また，社宅費，社内旅行費，財形貯蓄費なども控除できますが，控除するにあたっては事前に労使協定を結んでおく必要があります。なお，社員が会社のものを壊したり，紛失したりした場合など，損害賠償金を給与から控除することはできず，その旨，労使協定を締結することもできません（締結しても無効となります）。そのため必要な場合は，やはり賃金は賃金として全額払い，損害賠償金は損害賠償金として社員に支払ってもらう必要があります。

■ 不就労についての扱い

欠勤や遅刻，早退などの社員自身の都合による不就労についての扱いを定めます。

月給制では，不就労の日数や時間数分の賃金を月額の賃金から控除してもよいことになっています。時給制や日給制では，労働した時間分の日数や時間数を計算して支払います。

会社の都合で社員を休ませる場合は，休業1日につき平均賃金（161ページ）の60％以上の休業手当を支払わなければなりません。

■ 割増賃金の支払い

次の項目（135ページ）で説明します。

■ 昇給・降給について

昇給があるのか・ないのか，昇給する場合はどんなことを考慮して決めるのか，などを設定します。降給については，社員の士気を下げるからと，就業規則への記載を控える会社があるようです。しかし，書かなければ労働者にとって不利益な変更になるので，降給ができません。どんな場合に降給とするのかをルールづけして，就業規則に記載します。

■ 賞与について

　賞与は，毎月支払う給与とは違って，支給するかどうかは会社が自由に決めることができます。ただし，就業規則に明示されていたり，賞与の支払いが慣例となっていたりする場合は，支払いの義務が生じます。

　賞与の規定では，**支給対象者を明確**にします。有期契約社員の賞与については，同一労働同一賃金ガイドラインを踏まえ，検討する必要があります。

　また，**支給しない可能性も記載**しておきましょう。賞与は本来，会社の利益が上がっているようなときや，報奨金の位置づけで支給するものです。会社の業績が落ち込んでいるときは支給しなくてもよい，従業員個別に支給の有無を決定する，といったことができるような規定にしましょう。

■ 退職金制度について

　退職金制度のルールがあれば規定します。就業規則に明示されている場合は，支払いの義務が生じます。退職金制度では，**支給対象者，支給条件，算定方法，支払い方法・支払い時期**を明確にしておきます。

10

賃金を決める②

割増賃金の計算と支払い方法

■ 割増賃金の計算方法

　時間外労働や休日労働，深夜労働については，通常の賃金よりも割り増しして支払わなければなりません。これらの割増賃金は，時間外手当，休日手当，深夜手当と記載されます。割増率は次ページのように定められています。

　計算方法を見ていきましょう。まず，毎月の賃金を1か月の平均所定労働時間で割ります。これで労働時間1時間当たりの単価（以下，時間単価）を算出できます。この時間単価に，割増の種類によって決められた率を掛けると，1時間当たりの割増賃金が算出されます。実際に発生した残業等の時間を掛ければよいのです。

　なお，時間単価の分子となる賃金の種類は，原則として基本給や諸手当ですが，家族手当，住宅手当，通勤手当，割増手当（時間外割増，休日割増，深夜割増），賞与は除きます。ただし，家族手当，住宅手当，通勤手当はその人数や費用や距離などに関わらず一律に支給するものである場合は除くことができず，それらを含めて残業代計算を行わなければなりません。

■ 1か月平均所定労働時間を算出する

　時間単価の分母となる1か月平均所定労働時間は，1年間の所定労働時間の合計を12か月で割ったものです。1か月の日数は，28日，30日，31日と月によって変動しますから，所定労働時間も月によって変わることがあります。そのため，数値の変わらない1か月平均所定労働時間を用いるのです。

　1年間の総労働時間は，年間の総労働日数に所定労働時間を掛けたものです。また，年間の労働日数は365日（366日）から所定休日を除いた日数です。

◇割増賃金の法定割増率

手当の種類		割増率（通常賃金に対して）	
時間外手当	原則として1日8時間，週40時間の法定労働時間を超えて労働する時間に対して支払う	時間外労働が月60時間まで	125%以上
		時間外労働が月60時間超	150%以上（注1）
休日手当	法定休日に労働する時間に対して支払う	135%以上	
深夜手当	深夜（午後10時～午前5時）に労働する時間に対して支払う	25%以上の付加（注2）	

（注1）　現在，中小企業には適用が猶予されていますが，2023年4月から，中小企業にも適用される予定になりました。

（注2）　深夜労働が法定労働時間内なら，通常の賃金に深夜手当を付加します。深夜労働が法定労働時間を超えていたら，時間外手当に通常賃金の25%以上の深夜手当を付加します。法定休日に深夜労働をしたら，休日手当に深夜手当を付加します。

◇残業代の求め方

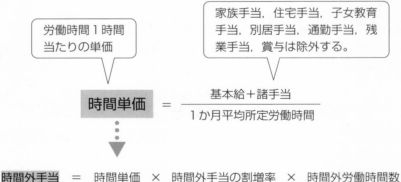

労働時間1時間当たりの単価

家族手当，住宅手当，子女教育手当，別居手当，通勤手当，残業手当，賞与は除外する。

$$時間単価 = \frac{基本給＋諸手当}{1か月平均所定労働時間}$$

時間外手当 ＝ 時間単価 × 時間外手当の割増率 × 時間外労働時間数

休日手当 ＝ 時間単価 × 休日手当の割増率 × 休日労働時間数

深夜手当 ＝ 時間単価 × 深夜手当の割増率 × 深夜労働時間数

◇残業代の求め方（出来高給の場合）

$$\text{時間単価} = \frac{\text{出来高給}}{\text{総労働時間}}$$

時間外手当	=	時間単価	×	0.25(注)	× 時間外労働時間数
休日手当	=	時間単価	×	0.35	× 休日労働時間数
深夜手当	=	時間単価	×	0.25	× 深夜労働時間数

（注） 月60時間超は0.5（中小企業は2023年4月から）

※ 時間単価の算出は，通常1か月の平均所定労働時間で割るのに対し，総労働時間（残業時間も含めた1か月の労働時間）で割ることにより行います。

※ 割増率は，通常，時間外125％以上，休日割増135％以上であるのに対し，時間外25％以上，休日割増35％以上となっています。

◇1か月平均所定労働時間の求め方

年間労働日数　　　　　　年間の総所定労働時間

$$1\text{か月平均所定労働時間} = \frac{[365(366)日 - 年間所定休日数] \times 1日の所定労働時間}{12か月}$$

※ 前述（98ページ）のとおり，年間所定休日数には休暇数は含めません。

■ 働いてもらった分の残業代は支払う

ところで，経営者の方から「会社が許可・指示しない残業代は支払わなくてもよいのですか？」という質問をよく受けます。

確かに，会社が許可・指示しない残業は認められないことになりますが，そうは言っても社員の労働力を受け取った（＝その時間で働いた分の成果物を手に入れた）ことには変わりはありませんから，残業代として請求されたら支払わなければなりません。

これを避けるためには，許可・指示しない残業は認めないという断固たる姿勢をとり，労働力を受け取らなければいいのです。すなわち，強制的に帰らせる，オフィスを強制消灯する，といった措置をとることになります。

■ 残業代の誤解　未払い残業代の危険

残業代について，よく見られる間違い例は以下のとおりです。

① 毎月の残業代の支払いに上限を設けている。

② 役職手当や営業手当を残業代の代わりにしている。

③ 年俸制には残業代は支払わなくてよい。

①のように，「月5万円まで」「30時間分まで」と残業代の支払いに上限を設けている会社を見かけることがあります。しかし，所定労働時間を超過していたら，超過した時間分だけ支払わなければならないのが残業代です。たとえ，雇用契約書に上限を設けて社員からの合意を得ていたとしても，法律に違反した契約の内容は無効になります。

また，②のように，「○○手当を残業代として支払っている」という会社もよくあります。特に比較的残業時間の長い役職者への役職手当や営業職に対する営業手当などが挙げられ，しかもこれらが残業代であるということが就業規則を見ても，雇用契約書を見ても明確に記載されていないケースが多くみられます。最近の判例では就業規則や雇用契約書に記載されていても，役職手当は役職者としての立場・責任に対して，営業手当はその職務に対して支給する手当とみなされ，残業代として認められないケースも出ています。残業代はあくまで時間に対して支給する手当であるため，責任や職務に対して支給する手当と明確に分けて支給することがポイントとなります。

③のように，年単位で給与額を定める年俸制を採用している会社では，年俸額に残業代もすべて含まれていると誤解されているケースも多く見受けられますが，所定労働時間を超えて働いた分の残業代は別途支払わなければなりません。

■ 残業代の請求権は5年まで延長される見込み

　残業代を支払うには，毎月労働時間管理を行い，何時間分の残業をしたからこれだけの残業代を支払うというしくみを確立しなければなりません。しかし，実際には労働時間管理ができていなかったり，労働時間管理をしていたとしても残業代を支払うべき原資がなかったりして，残業代を払えていない会社があるのも実状です。

　このような会社は，社員や元社員から未払い残業代を請求されるというリスクを抱えています。

　2019年3月現在，未払い残業代の請求権の時効は2年ですが，2019年4月の民法改正にともない，労働基準法についても，当分の間は3年とし，最大5年を目処に改めて検討することとなりました。つまり，今後未払い残業代のリスクは最大2.5倍になろうとしているのです。

　だから，労働時間管理をしない，つまり未払いの残業代があるという証拠を残さないという会社もありますが，それでは逆効果です。会社側に反証する資料がまったくないために，社員の言い分や社員がつけた記録によって残業時間が確定されることがあります。

　残業代の問題に労働時間管理は避けては通れません。未払い残業代の問題をすでに抱えている会社も，まずはしっかり労働時間管理を行い，記録をつけるところから始めてみましょう。

11

定額残業制①

定額残業制の導入は慎重に

■ 残業代の見直し策はいろいろ

　これまで見てきたように，賃金は「時間」で支払う必要があります。当然，残業を行った場合の割増賃金も，残業時間数に応じて支払います。そのため実際の残業時間数や残業代はもっと多いにもかかわらず「40時間分の残業しか認めない」「残業代は３万円まで」と会社が一方的に上限を決めるわけにはいかないのです。

　そこで，対策案の一つとして考えられるのが定額残業制です。残業代に相当する賃金のことを「みなし残業代」や「定額残業代」などといいますが，定額残業制は，毎月一定時間に対する残業代を定額で支給するものです。この場合，残業時間数が一定時間に満たなくても残業代は定額で支給する必要がありますので，一定時間内の残業時間数までは給与額が変わりません。

■ 定額残業制の導入例と注意点

　まずは一つの例を見てみましょう。

　会社の意図としては，基本給に残業代を含めて243,350円を支給している，というケースです。口頭で「基本給に残業代も含まれているからね」と伝えたのみで，雇用契約書や給与明細上では，残業代を支払っ

ていることを読み取ることができません。これでは誤解を生みやすく，「聞いていません」「わかりません」と言われてしまえば，それを証明することはできません。一定の残業代を固定で支給しているのであれば，それがいくらで何時間分にあたるのかを，雇用契約書や給与明細にも明確に記載し，誤解されないようにしておきましょう。

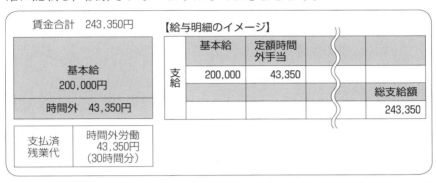

総額243,350円のうち，基本給が200,000円，定額時間外手当が43,350円で残業30時間分ということを雇用契約書に明記し，合意をとることではじめて，243,350円で30時間分の残業を含めて支給しているといえるのです。また，この場合でも実際の時間外労働が30時間を超えたときはその差額を，深夜労働や休日労働が発生した場合には別途深夜手当または休日手当を支給する必要があります。

　定額残業制について，これから導入をご検討の会社も，すでに導入済の会社も，前述の事項やこれからお話する内容をよく確認し，トラブルが起きないようにご注意ください。

　定額残業制を導入していることから『残業時間数は記録・管理していないよ』『何時間残業をしてもそれ以上は払っていない』などなど，少々，会社にとって都合のよい解釈や規定，運用をしているケースをよく目にします。最近では，定額残業制の有効性をめぐって労働者が会社を訴え，会社が裁判で負ける例が増えています。それは前述のような会社側のずさんな制度設計や運用が原因です。定額残業制は，導入さえすれば未払い残業代を帳消しにしてくれる夢のような制度ではないのです。

■ 定額残業制は正しい導入と運用が必要

　会社が導入した定額残業制が裁判で否定されると，どうなるのでしょうか。残業代は原則に戻って計算することになります。つまり，給与にはみなし残業代はそもそも含まれていなかったとされて，過去の残業時間に応じた未払い残業代の支払いを命じられます。加えて，悪質だとして未払い残業代と同額の付加金の支払いを裁判で命じられる場合があります。

　定額残業制を導入した際は，最善の策だと考えていたはずです。しかし，制度や運用に不備があったとみなされれば認められません。

　このように，定額残業制の導入についてはくれぐれも慎重に行っていただきたいのです。

◇定額残業制が否定されたら

定額残業制の不備

・制度設計の不備 ・運用の欠点 ・企業コンプライアンスの欠如

労働者が訴え　敗訴した場合

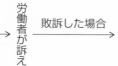

過去2年（当面3年。将来的には最大5年に延長の見込み）までの未払い残業代の支払い （＋付加金を支払うことも）

12 定額残業制②

定額残業制を導入する手順

■ 労働時間管理はしっかり行う

定額残業制の導入を検討している，あるいは現在導入している会社は，導入後も社員の労働時間管理はしっかりと行うようにしてください。定額残業制は，労働時間管理をしなくてよい，手当に含まれた以上の残業代を支払わなくてよい制度ではないのです。

定額残業制の導入には，適正な制度設計と，企業コンプライアンスに基づいた運用が大切になります。

まずは，適正な制度設計から見ていきましょう。

ステップ 1　就業規則・雇用契約書の変更

定額残業制を適正に運用するためには，**給与にみなし残業代の手当が含まれることを規定上明らかにしておく**必要があります。そのためには，就業規則（給与規程）を変更して，周知しなければなりません。

給与の総額を変えずにみなし残業代を組み入れるのであれば，これは不利益変更にあたります。労働条件の不利益変更は，社員の同意を得ないと変更内容が法的に効力を発揮しません（労働契約法第9条）。

社員から同意を取りつける方法は，第1章でも説明したように，雇用契約書での労働条件の変更の告知とともに行うとよいでしょう。その際，仮に過去の未払い残業代があるのであれば，場合によっては，それを精算した上で，同意の証拠となる署名をしてもらいます。

もし，就業規則や給与規程に記載されていない，または社員には口頭の確認で済ませて同意を取らなかったという場合，そもそも制度を導入したとは認められないことがあるので，注意が必要です。

ステップ 2　就業規則・雇用契約書の記載の注意点

就業規則や雇用契約書の内容を変更する際，どのような点に気をつけ

るのかを見ていきましょう。

　近年の裁判例を見ると，より厳格でコンプライアンスを重視した制度設計が会社側に強く求められています。次のような事項は給与規程や雇用契約書に明確に定めておきます。

(1)　みなし残業代にあたる賃金を，通常の労働時間に対する賃金と区別する。
　①　残業代としての性質を持つことを明記する。
　②　みなし残業代の金額を明記する。
　③　みなし残業時間数を明記する。
(2)　長時間労働を助長したといわれない程度のみなし労働時間を設定する。
(3)　みなし残業時間数を超えた残業時間分に対する割増賃金を支払う。

　(1)では，まず，①「定額時間外手当」「定額深夜手当」「定額休日手当」と名前だけでみなし残業代とわかる手当を設けます。これは給与規程と雇用契約書に明記し，毎月の給与明細とも整合性をとります。

　また，個別の給与設定として，雇用契約書には，②その手当に含まれるみなし残業代はいくらで，それは③何時間分にあたる（みなし残業時間数）のかを，割増賃金の計算方法に従って算出し，明記しなければなりません。

　基本給や，もともとある手当にみなし残業代を組み入れることもあるでしょうが，その手当のどれくらいが何時間分のみなし残業代にあたるのかを明記しておきます。ただ，成績や出来高などに応じて支払われる歩合給など**労働時間との関連性が薄い手当にみなし残業代とする場合は，注意が必要です。**

　(2)のように，みなし残業代の設定では，社員の健康に配慮しなければなりません。裁判でも，長時間労働を助長するようなみなし残業時間の設定を否定しています。こうした観点からみると，みなし残業時間は長

くても36協定の1か月の限度時間である45時間になるよう配慮したほう
がよいでしょう。また，**みなし残業代を除いた給与の額が最低賃金を下**
回らないようにしましょう。

　(3)として，定額残業制はあくまで一定時間までの残業代定額払い制度
です。定額部分を超えた残業時間については，超えた時間分の残業代を
支払う必要があります。

ステップ 3 　労働時間管理を行い，実際の残業代がみなし残業代を上回る場合はその差額を支払う

　社員の労働時間管理は会社の責務です。定額残業制であっても，労働
時間管理を行い，時間外労働・深夜労働・休日労働のそれぞれに対して，
実際はそれぞれ何時間行ったかを把握しておきます。

　そして，実際に行った時間外労働・深夜労働・休日労働のそれぞれに
対して支払うべき割増賃金を計算し，その金額が各みなし残業代を上回
る場合は，その差額を支払います。

　また，運用を見える化し，給与の支給時には給与明細書などにみなし
労働時間数とその金額，実際の労働時間と支払われるべき残業代，支給
した差額分を明記して，社員に通知します。

　いかがでしょうか。以上のようなステップを踏んで初めて定額残業制
が認められるのが現状です。自社にとってのメリット・デメリットを考
慮して，慎重に導入を判断してください。

管理監督者の注意点

「管理監督者」と「管理職」の違い

■ 「管理職には残業代を支払わなくてよい」は間違い

　労働基準法上の「管理監督者」と，会社が定めた「管理職」は混同されることが多いので注意しましょう。

　労働基準法上の「管理監督者」は，労働時間，休憩，休日の規制の枠から外れる人をいい，次のような立場にある人のことです。

◇労働基準法上の「管理監督者」

① 経営幹部会の発言権，従業員の採用権，解雇決定の関与，部下の労働時間の管理，部下の人事権など，重要な職務と権限が与えられている。

② 賃金は，労働時間ではなく，自身の役割や権限，責任の遂行によって決定される。労働時間は自身の裁量で決めることができる。

③ 自身の地位にふさわしい十分な給与や待遇が与えられている。

④ 業務の管理や監督を行う者であること。

　つまり「管理監督者」とは，実質的に**経営者と一体的な立場**にあり，**労働時間，休憩，休日などの規制の枠を超えて活動せざるを得ない重要な職務，責任と権限を持っている人**のことです。

　一方，「管理職」は会社が決める人事上の職位です。概して，一般社員を管理・監督する立場にある人で，部長，課長，店長といった職位に相当します。

　いかがでしょうか。中小企業の管理職で，「経営者と一体的な立場」で「労働時間や出勤・退勤は自由に決められ」「地位にふさわしい待遇を与えられている」といった人は，ほとんどいないのではないでしょう

か。このように，会社ではれっきとした「管理職」でも，実態としては
「管理監督者」には当たらない人を「**名ばかり管理職**」と言ったりもし
ます。

「管理監督者」は，労働時間管理をされないので，時間外労働も通常
の労働も区別がありません。よって，残業代を支払う義務はありません。

しかし，要件から外れてしまった「名ばかり管理職」と言われる人に
対しては，残業代を支払わなければなりません。「名ばかり管理職」か
どうかを裁判で争うケースは近年増えてきており，かなりの確率で会社
が負けています。「管理監督者」の基準は相当高いのです。

部長や課長，店長などの「管理職」というだけで社員の残業代をつけ
ていない会社は，「名ばかり管理職」だとみなされて多額の未払い残業
代の支払いをしなければならない可能性が高いです。社員の総数に比較
して残業代を支払っていない「管理職」が多い，といった場合には，役
職に見合った残業代をあらかじめ定額で支払う（定額残業制）などの対
策を打つべきでしょう。

◇「名ばかり管理職」の判断例

〈例1〉　残業時間を含めた時間単価の賃金が，一般社員と比較して
　　　　見劣りする。

　→　×　管理監督者はその地位に見合った十分な給与待遇を受け
　　　　　る。残業代を見越した賃金が，一般社員と比較して同等，
　　　　　もしくは見劣りするような額では管理監督者とはいえない。

〈例2〉　労働時間を管理され，欠勤控除，遅刻への懲戒処分などを
　　　　受ける。

　→　×　管理監督者は労働時間の管理を自分の裁量で決めて行っ
　　　　　てよい。平日に休んで欠勤控除を受けたり，始業時刻に遅
　　　　　れて始末書を書かされたりすることはない。

〈例3〉 会社の規模や社員数に対して管理職の数が多い。管理する部下がいない。

→ × 会社の規模や社員数に対してやたら管理職が多いが，実態は管理する部下を持っていないなどは，明らかに管理監督者の基準に満たない。

〈例4〉 管理職が一般社員やパート・アルバイトと同じ仕事をしている。

→ × 部下と同じ仕事，現業的な仕事をしている人は管理監督者ではない。アルバイトが休んだら店長がその代わりに業務をするというような場合，その店長は管理監督者とはいえない。

■ 管理監督者で注意すること

厳しい基準を満たして労働基準法上の「管理監督者」とみなされたとしても，労働時間について会社が注意することがあります。

「管理監督者」に対して適用除外が認められるのは，「労働時間・休憩・休日」ですが，**深夜（22時～翌日5時）の労働に対しては法定の深夜割増賃金を支払わなければなりません。年次有給休暇も一般の社員と同様に与えなければなりません。**

また，会社には安全配慮義務があります。過重な労働とならないように，長時間労働に対しては医師の面接指導を受けさせるなどの措置をとらなければなりません。

会社は「管理監督者」の労働時間について管理をする義務はありませんが，労働時間を常に把握し，その時その時に応じて必要な対応をしなければならないのです。

14 労使協定のルール

会社と社員が合意した労働条件の特例

■ 社員代表の選出は手順を踏む

　労働の基本ルールを，労働基準法などの法律に基づいて緩和したり免除したりするとき，労使双方が合意した内容を労使協定として残さなければならないことがあります。36協定や，変形労働時間制の協定などです。**労使協定は会社単位ではなく，事業場ごとに結びます。**労使協定が結ばれるまでの過程に不備があると，協定書の内容そのものが無効となってしまいます。

　労使協定は，まず社員代表を選ぶことから始まります。**社員代表とは，事業場の社員の過半数を代表する者**です。社員の過半数が加入する労働組合があるときは，その労働組合が社員代表となります。

　社員代表の選出方法には，特に注意します。社員代表となる条件は次の2点です。

① 管理監督者ではない人

② 会社は，社員代表を決めることを明らかにした上で，公正な手続きで選出すること

③ 使用者の意向に基づいて選出された者でないこと

　②の公正な手続きとは，投票，挙手，話し合い，信任などです。会社側が指名するようなことはできません。社員代表が「店長がアルバイトの中から指名した者」だったことで，選出方法が適正ではないとみなされた事例があります。

　しかし，挙手や投票で決めるといっても，社員が集まって協議するような時間はなかなかとれません。そこでおすすめしたいのが，メールやイントラネットを使用した社員代表の選出です。投票や挙手と同様，公正な手続きといえるでしょう。

　メールには，①過半数の社員に社員代表を決めることを明らかにしたこと，②社員が立候補し，他の社員からの同意を得て選出された過程，

という証拠が残ります。

■ 届出義務のあるもの・ないもの

　労使協定は，その内容によって労働基準監督署に届け出なければ効力が出ないもの，条件によっては届け出なければならないもの，届け出なくてよいものの三つに分かれます。

◇届出義務のある労使協定・届出義務のない労使協定

○届出義務がある　×届出義務がない　△条件によって届出義務がある

労使協定の内容	届出義務
時間外労働・休日労働（36協定）	○
賃金控除	×
休憩の一斉付与の適用除外	×
1か月単位の変形労働時間制	△
1年単位の変形労働時間制	○
1週間単位の非定型的変形労働時間	○
フレックスタイム制	×
事業場外労働のみなし労働時間制	△
専門業務型裁量労働制	○
企画業務型裁量労働制	○
60時間超時間外労働の代替休暇	×
貯蓄金管理（社内預金や財形貯蓄を行う場合）	○
年次有給休暇の計画的付与	×
年次有給休暇の時間単位の分割付与	×
年次有給休暇の賃金を標準報酬月額で支払い	×
雇用保険の雇用継続給付の申請代行	×
育児休業制度の適用除外者	×
介護休業制度の適用除外者	×
子の看護休暇・介護休暇の適用除外者	×
退職金の保全措置について	×

雇用契約の
出口

〈解雇・退職〉

1 退職・解雇①
退職規定でトラブル防止

■ 「退職」の範囲とは

　雇用契約が解消され，社員が職場を去っていく「退職」。広い意味での退職は，社員側の事由によって雇用契約を解消する「退職」だけでなく，会社から雇用契約を解消する「解雇」も含まれます。

　誰もが引き際よく円満退職できればよいのですが，現実には退職時のトラブルは多いものです。できるだけトラブルなく雇用契約を終わらせるにはどうすればよいのでしょうか。

　それには，会社があらかじめ退職のルールを定め，社員にも周知しておきます。その上で，社員にはルールに沿って退職の手続きをとってもらうことです。初めに，社員側の事由によって雇用契約を解消する場合の「退職」のルールづくりを見ていきましょう。

■ 自己都合退職と自然退職

　退職には，まず社員の都合で退職する「自己都合退職」があります。**自己都合退職は，社員の意思表示による退職の申し出を会社が認めることで成立**します。また，会社が合意しなくても，民法上は社員の意思表示から2週間経てば退職が成立します。

　ほかに，**社員に退職の意思があるかどうかにかかわらず，その条件に該当すれば当然に雇用契約が終了する「自然退職」**があります。自然退職には，定年退職，休職期間満了による退職などがあります。

　自然退職は，就業規則に事由として規定しておけば，その事由がくると自然に退職が成立しますが，自己都合退職では手続きをルールづけしていないと社員の都合に振り回されることも考えられます。しっかり対策を立てておきましょう。

■ 自己都合退職の手続きを定める

就業規則には，自己都合退職の手続きとして次のことを定めます。

> ① 退職を申し出る期限
> ② 退職届の提出
> ③ 業務引き継ぎ義務

① 退職を申し出る期限

民法では，退職希望日の２週間前までに申し出ればよいことになっていますが，業務の引き継ぎなどを考えると２週間では日数が足りないと思われます。社員に協力を求める形になりますが，遅くとも退職希望日の１か月前までに申し出てもらうのがよいでしょう。

② 退職届の提出

退職にまつわるトラブルとして，口頭のみで退職の意思表示を受けた場合だと，後から「実は解雇された」などと訴えてくるケースがあります。ですから退職の意思表示は必ず書面で提出してもらいます。ここで注意したいのが，提出してもらう書類を「退職届」とすることです。似たような書類に「退職願」がありますが，法的な効果には大きな違いがあります。

「退職願」は会社に退職の申し出をするための書類で，会社の合意・承認を得て初めて退職が成立します。そのため会社が合意等する前であれば撤回ができるとされています。一方，「退職届」は「（自己都合により）退職します」という意思表示のための書類ですので，提出した後に撤回することができないとされています。退職届は原則本人に用意してもらいますが，場合によっては会社が用意した雛形でも構いません。ただし，本人が書いたことを示すために，「退職の申出日」，「氏名」，「退職日」は空欄にしておき，手書きで書いてもらいましょう。

③ 業務引き継ぎ義務

雇用契約が終わる退職日までには，業務などの引き継ぎを終えるよう

に定めます。というのも，退職の申し出の翌日から退職日まで年次有給休暇を取得し，業務の引き継ぎに支障が出ることが少なくないからです。

　会社は，社員からの年次有給休暇の申請を原則として拒むことはできません。しかし，業務を支障なく終えることは社員の責務です。その責務を果たさない場合の罰則として，懲戒処分や退職金の不支給・減額などの規定を設けること自体は可能とされています。

■　退職承認通知書で合意退職を成立させる

　退職願を出した後に，社員が退職の申し出を撤回し，トラブルになるケースがよくあります。

　自己都合退職の場合，社員からの申し出に対して，会社の承諾権限を持つ者が承諾の意思表示をした時点で退職が成立します。そうなると，社員は退職を撤回できないとされています。

　したがって，もめ事を避けるには，会社が社員からの「退職届」を提出してもらうか「退職願」もしくは口頭での**退職の意思表示を受けたら，承諾権限を持つ者が承諾した証として，157ページのような退職承認通知書を社員に通知する**必要があります。承諾権限を持つ人の範囲は中小企業では，一般的に社長とされますが，会社が独自に規定することもできます。

社員退職時の有給休暇買取りについて

　社員が退職することになった場合，残っている有給休暇を取得したいと申し出ることがあります。会社側としては法的に回避する手段はありません。最終出勤日まで日がないときには，引き継ぎをきちんと行ってもらえない場合もあります。最終出勤日が今月末でも実際の退職日は1か月以上先となり，それまでの給与はもちろん社会保険料も発生します。このような場合は有給休暇の買取りも一案です。

　まず原則としては有給休暇の買取りは違法とされています。ただし退職日時点での残日数や時効で消滅する有給休暇は買取りが可能です。なお有給休暇の買取りは会社の義務ではないので社員からの申し出に応じる必要はありません。引き継ぎを優先してもらったり，退職日を早めてもらったりした結果，取れずに残ってしまった場合などの対処法として可能ということです。

　なお，有給休暇を買い取る金額や算出する計算方法について法的に特に定めはありません。会社が定めている有給休暇取得時の金額でも，労使間で個別に合意した金額で買い取っても構いません。

　退職時合意書などで有給休暇の買取額をきちんと明確化し，合わせて債権債務の不存在を確認しておきます。退職金制度がない会社であれば，有給休暇の買取金額を退職金代わりとして支払っても良いかと思います。

　最近では有給休暇の取得や有給休暇の買取りでの労使間トラブルがよく起こっています。会社は社員としっかり話し合い，会社の方針や業務の都合などを社員によく理解してもらうことが大切です。

◇退職届《例》

退　職　届

年　　月　　日

株式会社●●
代表取締役　●●　殿

氏名　　　　　　　印

　この度，一身上の都合により，　　　年　　　月　　　日を
もちまして退職いたしたく，お願い申し上げます。

以上

_____ 殿

退職承認通知書

株式会社●●

代表取締役　●●　　　㊞

　当社は，　　　年　　月　　日，貴殿からの退職の申し出に対し，下記のとおり承認いたしましたので通知いたします。

　　退職日　　：　　　　年　　月　　日

　　退職理由　：　自己都合による退職

　つきましては，　　　年　　月　　日（最終出勤日）までに業務の引継ぎをお願いいたします。

引継ぎ対象者および引継ぎ完了の確認者は下記のとおりといたします。

　　引継ぎ対象者　　：_____部_____宛

　　引継ぎ完了確認者：_____部_____

以上

退職・解雇②

解雇のハードルは高い

■ 条件がすべてそろわないと解雇ができない

　労働法上，日本では，労働者保護の立場から，解雇をするまでのハードルが高くなっています。会社側に社員を解雇する自由はなく，解雇をするには，「客観的に合理的で社会通念上相当であると認められる理由」がなければなりません。

　具体的にいえば，次のような条件がそろっていないと，解雇が有効とはならないのです。

① 　解雇の正当な理由をあらかじめ示しておき，

② 　その解雇理由に当てはまる事由が起こったとき，

③ 　解雇を回避するために，教育・指導などを行い，

④ 　それでも，改善が見られないとき

　詳しく見てみましょう。

① 　解雇の正当な理由をあらかじめ示しておく

　具体的には，解雇する理由をあらかじめ決めておき，それを就業規則に記載しておきます。その上で，社員には「こんな場合に解雇します」と，就業規則の解雇理由を根拠としていることを周知させておきます。

　解雇の理由は，常識的に考えて適当なものでなければなりません。「常識的に考えて適当な理由」とは，十分な労務提供ができず雇用契約上の義務を果たせないようなときです。ただし，「労働力を提供する義務を果たせないとき」と書くのは漠然としていますから，もっと具体的に書く必要があります。

② 　その解雇理由に当てはまる事由が起こったとき

　解雇理由に当てはまる事由が起こったときしか，解雇ができません。ですから，解雇理由として考えられることはすべて就業規則に書いておきます。

前述の「十分な労務提供ができず，雇用契約上の義務を果たせないようなとき」の**普通解雇**だけでなく，会社側の経営の都合で人員整理の名目で行う**整理解雇**や，就業規則の服務規律に違反するなど，懲戒解雇事由に当てはまる行為をしたときに行う**懲戒解雇**の規定も書いておく必要があります。

③ 解雇を回避するために，教育・指導などを行う

解雇理由に当てはまる事由が起こったとしても，すぐに辞めろと言ってはいけません。「なぜそのようなことをしたのか」「どうすれば改善できるのか」などを検討し，本人に改善のための機会を与えなければなりません。会社は，社員の能力などに応じて教育訓練や配置転換などの**解雇回避努力をしなければならない**のです。必要な改善のための指導を行い，場合によっては軽微な懲戒処分を行います。このとき，社員に提出してもらった始末書，教育・指導を行った面談の記録など，解雇に至るまでに踏んだ経緯は「解雇理由が相当だった」証拠として必ず残しておくようにします。

④ その上で改善が見られなければ，解雇を通告する

①から③までを行った上で，それでも改善が見られない，そして改善の余地がないとなった場合に，解雇を通告します。その際には，解雇予告の規定を守る必要があります。解雇日の30日以上前に通告するか，30日に不足する日数分の解雇予告手当を支払わなければなりません。

■ 解雇の前に退職勧奨を行う

実際は，解雇の前に**退職勧奨**をすることをおすすめします。退職勧奨は，社員に自ら退職するように促し，社員自らの意思で退職届を出してもらうようにするものです。後に述べるように解雇のリスクは高いので，解雇を伝える前に退職勧奨を行うことがほとんどです。

しかし，退職勧奨はあくまでも社員の自主的な退職を促すものですから，社員が受け入れるとは限りません。また，脅迫やパワーハラスメントともとれる態度で社員に自主的な退職を強制することは許されません。

それに，いくら解雇のリスクがないといっても，退職勧奨は安易に行

うものではありません。解雇回避の努力を尽くした上で，それでも解雇が避けられないと判断した場合の，リスクを抑えるための措置として使うべきです。

退職勧奨をしても，社員が退職を受け入れなければ，**会社から雇用契約の解消を行使する**という解雇に踏み切ります。

◇退職の分類

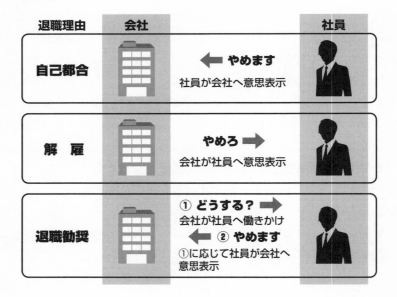

3 退職・解雇③

解雇の有効性に注意する

■ 解雇の手続きと解雇できない期間

社員を解雇するときは，原則として解雇しようとする日の30日前までに解雇予告をしなければなりません。解雇予告は口頭で伝えてもよいのですが，トラブルを防ぐために文書で通知しましょう。

解雇予告日から解雇までが30日に満たない場合は，足らない日数分の平均賃金を解雇予告手当として支払います。

なお，労働基準法により，解雇できない期間が二つあります。一つは，産前産後休業期間とその後30日間です。もう一つは，業務上災害による休業期間（労災による休業期間）とその後30日間です。

ただし，労災による休業中の社員が療養開始後3年を経過しても負傷または疾病が治らない場合，会社が平均賃金（下図）の1,200日分を支払うことで，解雇制限が解除されます。同じく3年経過後に社員が傷病補償年金を受けることになった場合も同様です。

また，地震などの自然災害等のやむを得ない事由により事業の継続が不可能となった場合は，労働基準監督署の認定を受けることで解雇制限がなくなります。

◇平均賃金の求め方

> 平均賃金は，解雇予告手当，労災保険の災害補償のほかに，会社都合の休業手当，有給休暇中の給与の支払いにも使用します。最低保障あり。

$$平均賃金 = \frac{直近の賃金算定期間3か月分の賃金総額^{*1}^{*2}（控除前の金額）}{直近の賃金算定期間3か月間の総暦日数^{*3}}$$

* 1　賃金算定期間には，業務上の傷病による療養のための休業期間，産前産後休業期間，試用期間などを含めない。

*2　賃金総額は，税金と社会保険料控除前の総支給額のこと。また，賃金総額からは臨時に支払われた賃金，賞与が除外される。

*3　総暦日数とは，土日祭日を含めた暦の日数のこと。

■　解雇の有効性が問われる場合とは

　解雇では，しばしばその有効性が問われることがあります。大きく分けて，解雇手続きに不備がなかったかどうか，解雇が不当でないかどうかが問題となります。

　前者の場合は，解雇予告手続きが適正に行われなかったことが問題になっているので，解雇予告手当を支払うこと，事前に予告することで解決します。一方，後者では，「その解雇理由は，果たして解雇するのに相当か」が問題となります。こじれると，会社内部で収めきれず，ADR（裁判外紛争解決手続き）や裁判での解決に頼ることになります。

　ADRや裁判については第1章の48ページでも説明していますが，裁判となると，解決には短くても半年から1年くらいを要します。そして，「解雇は無効」と判断されたら，「雇用契約は継続していた」とみなされて，会社には，解雇日までさかのぼって本来であれば勤務したことにより得られたであろう賃金の支払いが命じられることもあります。

　例えば，社員を解雇して，2か月後にその社員が「解雇無効」とする民事訴訟（裁判）を起こし，1年後に解雇無効の判決が出たとしましょう。その時点で会社側は，社員がまったく働いていないにもかかわらず，2か月＋12か月＝14か月分の賃金を支払わなければならないのです。

　実際には，判決が出る前に合意退職で和解することが多いのですが，その際にも，解雇日から「退職日」までの賃金の支払い相当額を求められますし，また解決金を上乗せすることもあります。さらに弁護士費用や遅延損害金などがかかりますし，会社は大きな負担を強いられます。

4 異　　　動

会社の人事権の範囲であることを明確に

■　配置転換・職務転換などで適材適所を図る

　これまで見てきたように，日本では解雇が不当かどうかで争われた場合，会社側のリスクが高くなります。解雇を行うには，十分に準備をして進める必要があります。

　日本では解雇が難しい一方で，長期雇用で労働力を育成することを前提として，転勤などの配置転換，職務転換などの人事権の行使としての異動は広く認められる傾向にあります。ですから解雇回避努力として，これらの措置を積極的に活用するべきでしょう。

　採用した社員にある職務をさせたが，どうも不向きのようだと思われれば「職務転換」を行い，単に職場の仲間とうまくいかないのであれば，「配置転換」を行う，といった具合です。これにより社員と新しい職務がマッチしたり新しい部署での仲間とよい関係を築くことができたりすればベストです。ただ社員の中には，希望していた職務や部門が変わることでモチベーションを落とし，自ら退職の道を選ぶ可能性もありますので，事前に異動の目的等の説明や異動後のフォローを十分に行うことが大切です。

　また，嫌がらせとしての異動はもってのほかで権利の濫用として無効になりますが，会社にそのつもりがなくても社員がそのように受け取り，トラブルに発展してしまう可能性もあります。そうした点からも，前述のように社員としっかりコミュニケーションを取っておきましょう。

　その他，育児や介護を行う社員への配慮も必要ですが，組織の活性化や適材適所という意味で配置転換・職務転換などの異動が柔軟にできるようにしておきたいものです。

■　雇用契約時にも異動の可能性を明示する

　本来，異動は会社の人事権の範囲であり，職種や勤務地などを限定し

第4章　雇用契約の出口〈解雇・退職〉

て採用した社員を除いて，社員はその業務命令を拒否することはできないとされています。本人が異動命令を断れば退職もやむを得ないというのが，これまでの暗黙のルールでした。

しかし，最近では社員が簡単に異動を断る傾向にあり，「入社時に異動の可能性を知らされていなかった」ことを理由に拒否する社員も多いと聞きます。したがって，異動を行う可能性があることは就業規則で規定し，雇用契約書でも異動の明示をしっかりと行っておかなければなりません。

■ 有期雇用契約社員，パート・アルバイト（短時間労働者）の異動

働き方改革関連法により同一労働同一賃金が法制化されました。これは「有期雇用契約社員やパート社員であっても，職務や人材活用のしくみ（異動の有無）等が正社員と同じであれば，待遇も正社員と同じにしてください」ということです。

つまり「契約社員だから」「パートだから」という理由だけでは，正社員と条件に差をつけることができず，明確な線引きがないと正社員同様の扱いをしなければならないということです。

ただ契約社員やパート・アルバイト社員を活用されている場合に，正社員と同じような働き方で同じような仕事をしてもらっており，傍目には違いがないにもかかわらず，例えば呼び名が違ったり，雇用契約期間の定めがあるだけで待遇に差をつけている会社が多くみられます。

そのため，まず自社の契約社員やパート・アルバイトは正社員と何が違うか確認し，あいまいな場合は整理することが必要です。現状違いがないが区別して雇う場合には正社員との違いをきちんと設ける必要があります。その一つとして異動（職務変更，配置転換，転勤）の有無を区別したり，職務・職責の範囲に差をつけたりするなどが検討できます。区別した項目については，きちんと雇用契約書に明記し同意を得ておきましょう。

◇関連する法律

　2020年4月1日（中小企業は2021年4月1日）に施行される「短時間労働者及び有期雇用労働者の雇用管理の改善等に関する法律」（いわゆる「パートタイム・有期雇用労働法」）に，非正規社員（パートタイム，有期雇用労働者）について，下記のように定められています。

パートタイム・有期雇用労働法
第8条（不合理な待遇の禁止）

　事業主は，その雇用する短時間・有期雇用労働者の基本給，賞与その他の待遇のそれぞれについて，当該待遇に対応する通常の労働者の待遇との間において，当該短時間・有期雇用労働者及び通常の労働者の業務の内容及び当該業務に伴う責任の程度（以下「職務の内容」という。），当該職務の内容及び配置の変更の範囲その他の事情のうち，当該待遇の性質及び当該待遇を行う目的に照らして適切と認められるものを考慮して，不合理と認められる相違を設けてはならない。

第9条（通常の労働者と同視すべき短時間・有期雇用労働者に対する差別的取扱いの禁止）

　事業主は，職務の内容が通常の労働者と同一の短時間・有期雇用労働者であって，当該事業所における慣行その他の事情からみて，当該事業主との雇用関係が終了するまでの全期間において，その職務の内容及び配置が当該通常の労働者の職務の内容及び配置の変更の範囲と同一の範囲で変更されることが見込まれるものについては，短時間・有期雇用労働者であることを理由として，基本給，賞与その他の待遇のそれぞれについて，差別的取扱いをしてはならない。

◇異動　就業規則の規定例

《正社員用（異動あり）》

【異　　　動】

第○条　会社は，業務上必要がある場合は，社員に対し従事する職
　　　　務もしくは勤務場所の変更および役職の任免等の人事異動を
　　　　命じることがあります。

　2　前項の命令を受けた社員は，正当な理由がない限りこれに従
　　わなければなりません。

　3　異動を行うに際して労働条件の不利益変更が生じる場合は，
　　当該社員と協議の上，決定します。

　4　育児・介護を行う社員については，異動を命じる場合は配慮
　　して行います。

《有期雇用契約社員用（異動なし)》

【異　　　動】

第○条　会社は，有期契約雇用社員に対し従事する職務もしくは勤
　　　　務場所の変更等の人事異動を命ずることはありません。

　2　雇入れ時に雇用契約書により就業場所と定めた事業所が閉鎖
　　された場合は，当該閉鎖日をもって退職となります。

　3　雇入れ時に雇用契約書により従事すると定められた職務が廃
　　止された場合は，当該廃止日をもって退職となります。

5 休職制度

退職までの猶予期間を設定する

■ 休職制度の整備はリスク対策になる

休職制度は，社員が病気やケガで働くことができなくなったときなど
に，**一定期間就労の義務を免除する制度**です。雇用契約どおりに労務の
提供ができなければ，原則は解雇または退職に至ります。しかし実際は，
会社にとっても，社員にとっても，辞める前に一定の猶予期間があった
ほうがよいでしょう。

「休職制度がなければ，すぐに退職してもらえるのでは？」と考える
経営者も多いのですが，休職制度がなくて社員をすぐに退職させた場合，
その社員が解雇無効を求めて訴訟を起こしたらどうなるでしょう？　裁
判所は，解雇回避努力義務として社員を休職させることを怠ったと判断
することが予想されます。

中小企業にとって，復帰しないかもしれない社員の社会保険料を払い
続け，また，その社員が本来するべき仕事を他の社員が負担することを
1～2年も続ける体力はありません。だからといって，復職の可能性も
あるため，新しく社員を雇うこともできないのです。

このようなことを考えると，会社主導で休職制度を整備したほうが，
リスク対策になるということなのです。

■ 有期雇用契約社員の休職制度

一般的に，休職制度は正社員にだけ適用し，有期契約社員などには設
定していないことが多いのですが，同一労働同一賃金ガイドラインにお
いて，「無期雇用の短時間労働者には正社員と同一の，有期雇用労働者
にも労働契約が終了するまでの期間を踏まえて同一の付与を行わなけれ
ばならない。」とされましたので，今後は有期契約社員にも休職制度を
設ける必要が出てきました。

■ 就業規則で定めること

休職制度では，主に次のことについて取り決めておきます。

> ① 休職の事由
> ② 休職の開始時期
> ③ 休職の期間（回数，通算期間の限度）
> ④ 休職中の賃金など
> ⑤ 復職の条件
> ⑥ 休職期間満了後の退職について

一つひとつ見てみましょう。

① 休職の事由

どんなときに休職扱いとなるかを規定します。なお，業務上の災害（通勤災害を除く）により休業する場合は，**会社の休職制度からは除外されます。会社の休職制度が当てはまる事由は，①業務以外の事由による傷病休職，②出向による休職**などが代表例です。

② 休職の開始時期

ケガや病気で欠勤してからすぐに休職扱いにするのではなく，**１か月くらい様子を見てから休職を開始する**のが一般的です。

③ 休職の期間

休職期間の上限を３か月，長くても６か月くらいにとどめておくことをおすすめします。実際に休職が必要となる場合には，対象社員の主治医に完治までにどのくらいの期間を要するか確認し，期間の範囲内で決定します。また復職の条件を満たし職場に戻ったところ，一定期間内に同一原因で再び休職となる場合は，前後の休職期間を通算するように就業規則に定めておきます。通算する場合の休職期間の上限も前述のとおりとなります。

④ 休職中の賃金など

賃金の支払いは会社が自由に決めてかまいません。業務外の傷病による休業では，健康保険の傷病手当金の支給もあるので賃金を支払わない

ことが多いようです。休職中，賃金がなければ労働保険料は発生しませんが，社会保険料は休職前と同様に会社と社員が折半して支払わなければなりませんから，社員本人の社会保険料の支払い方法も決めておきます。

⑤　復職の条件

復職後も，傷病を理由にたびたび早退・欠勤をされると会社も困ります。**復職を判断するポイントは，「休職前と同程度に仕事ができるか」**を原則とし，医師の診断書も判断材料にするとよいでしょう。

ただし，医師が患者の求めに応じて，復職できる状態ではないのに「復職できる診断書」を作成しているかもしれませんから，場合によっては，セカンドオピニオンとして会社指定の医師の診察を受けてもらうとよいでしょう。

⑥　休職期間満了後の退職について

休職期間が終わっても休職事由が消滅しない，つまりケガや病気が治癒しない場合は，原則として**「休職期間満了による自然退職」**として扱います。このことは，就業規則の休職規定だけでなく，退職規定の退職事由にも明記しておきましょう。

休職の規定は言葉を選んで

　休職させるかどうかの判断や，復職させるかどうかの判断は，会社に裁量を持たせるようにします。就業規則に休職事由や復職の条件を規定するときは，「休職を命ずる<u>ことがある</u>」「復職させる場合<u>がある</u>」という表現にして，事由や条件に該当したとしても，「休職を命じないことがある（退職してもらう）」「復職させない場合がある」ことを示唆しておきましょう。

6 解雇時・退職時の注意点
退職合意書でトラブルを防ぐ

■ 退職するときには合意書を交わす

　解雇や合意退職を含めて，退職の前後にはトラブルが起きやすいものです。解雇で「解決金を○○円支払う」と取り決めた後に「別途退職金を支払え」と求められたり，自己都合退職だったはずなのに「解雇された」と訴えられたり。退職後に，同業他社へ転職して自社の営業ノウハウを使われたり，未払い残業代を請求されたり，と様々です。

　このようなことを未然に防ぐために，退職合意書を活用しましょう。

　退職の条件について会社側と社員が取り決めたことは，退職合意書に記します。解雇の場合も，解雇通知書を社員に渡して済ませるだけではなく，折り合った条件で退職合意書を交わします。退職合意書は2通作成して双方が署名し，それぞれが1通ずつ保管します。

■ 退職後の秘密保持や競業避止，未払い残業代請求対策に

　本書では，採用時に秘密保持や競業避止などについて誓約書をとることをおすすめしています（71ページ）。誓約書の内容は，退職後も効力を持たせることができますが，秘密保持，競業避止などの重要事項については退職時にも改めて誓約書を取りましょう。入社時と同じ内容を退職時にも重ねてとったとしても，なんら問題はありません。

　また，予期せぬ未払い残業代の請求を防ぐために，**労使間で債権・債務がないことを退職合意書でも確認してもらいます。**次ページに退職合意書の書式例を挙げておきます。

◇退職合意書

退職時に関する合意書

　株式会社●●●●（以下「甲」という）と　　　　　　（以下「乙」という）は，
　　年　　月　　日付けの退職に際し，以下の事項に関して合意するものと致します。

【退職理由に関する事項】
第１条　乙は，自己の都合により甲を　　年　　月　　日付けで退職することを申し出
　　　　て，甲はこれを承認したことを確認致します。

【退職時の責任】
第２条　労働契約終了時まで誠実に勤務し，業務に支障をきたさないよう，引継ぎ
　　　　を適切に完了致します。引継ぎ完了にあたり，所属長の承認を得ることと致
　　　　します。
　　　２．引継ぎを完了しないで退職する場合は，懲戒処分の対象となることに合意
　　　　致します。

【貸与品の返還】
第３条　鍵，社章，社員証，身分証明書，健康保険証，貸与制服，電子端末，甲か
　　　　らの貸与品，その他甲が返却を求めたものを退職日までに完納致します。
　　　２．前項のほか，社宅または甲の寮に居住する場合は，甲が指定する期日まで
　　　　に立ち退き致します。
　　　３．社会保険料立替金，貸付金を　　年　　月　　日までに完納致します。

【退職後の競業避止義務の誓約】
第４条　退職後原則として１年間は，本店や支店が所在する都道府県内において，
　　　　甲と競業関係に立つ他社への転職，役員への就任，および事業を自ら開業ま
　　　　たは設立する行為をおこなわないことを約束致します。

【損害賠償】
第５条　前各条項に違反した場合，法的な責任を負担するものであることを確認し，
　　　　これにより甲が被った一切の損害を賠償することを約束致します。
　　　２．退職後，乙の在籍中の行為により甲が損害を被ったことが発覚した場合は，
　　　　法的な責任を負担するものであることを確認し，これにより甲が被った一切
　　　　の損害を賠償することを約束致します。

【債権債務の確認】
第６条　甲と乙の間には，本合意書に定めるもののほか，乙の在職中の甲乙間の一
　　　　切の権利義務関係（残業代等を含む）に関して，一切の紛争が存在しないこ
　　　　とを確認し，今後一切異議を申し立てないことを相互に確認致します。

【合意内容の非開示】
第７条　乙は本件合意書取り交し後，甲ならびに関連会社・グループ会社の従業員，
　　　　および新たな就職先等の第三者に対して本件合意書および本件合意内容を開
　　　　示致しません。

【信義則】

第8条 甲と本件合意書の記載事項に疑義が生じた場合，もしくは，本件合意書に記載なき事項については，甲と乙は信義を以って誠実に協議することを約束致します。

年　　月　　日

（甲）　住所　東京都●●　●－●－●
　　　　株式会社●●●●
　　　　氏名　代表取締役　●●●●　　　印

（乙）　住所
　　　　氏名　　　　　　　　　　　　　印

◇秘密保持に関する合意書

秘密保持に関する合意書

株式会社●●●●（以下「甲」という）と　　　　　（以下「乙」という）は，年　月　日付けの退職に際し，以下の事項に関して合意するものといたします。

【秘密保持の確認】

第1条 乙は甲を退職するにあたり，以下に示される甲の技術上または営業上の情報（以下「秘密情報」という）に関する資料等一切について，原本はもちろん，そのコピーおよび関係資料等を甲に返還し，自ら保有していないことを確認いたします。

① 商品開発，作成および販売における企画，技術資料，製造原価，価格決定等の情報

② 財務，人事その他経営に関する情報

③ 他社との業務提携に関する情報

④ 顧客および取引先に関する情報

⑤ 以上のほか，甲が特に秘密保持対象として指定した情報

【秘密の帰属】

第2条 乙は，秘密情報は甲の業務上作成または入手したものであることを確認し，当該秘密情報の帰属が甲にあることを確認いたします。また当該秘密情報について，乙に帰属する一切の権利を甲に譲渡し，その権利が乙に帰属する旨の主張をしないことを確認いたします。

【退職後の責任】

第3条　秘密情報については，甲を退職した後においても，開示，漏洩もしくは使用しないことを確認いたします。また秘密情報が記載・記録されている媒体の複製物および関係資料等がある場合には，退職時にこれを甲にすべて返還もしくは廃棄し，自ら保有いたしません。

【秘密情報の複製等の禁止】

第4条　秘密情報が記載・記録されている媒体については，職務遂行以外の目的で複製・謄写しないこと，および職務遂行以外の目的で甲の施設外に持ち出しをしないことを確認いたします。

【SNS等による情報発信】

第5条　乙は，SNSその他インターネットによる情報発信を行うにあたって以下の内容を投稿しないことを確認いたします。

①　会社および取引先名や業態，ブランド名が識別できる情報

②　社員個人や取引先，顧客個人など会社関係者が特定できる情報

③　会社の名誉および信用を毀損する情報

④　会社の公式見解と誤解される情報

⑤　会社業績，経営戦略，開発，人事，顧客など社内機密情報

⑥　職場風景，業務風景など業務内容，場所が特定できる画像・映像

⑦　自社商品やサービスについての情報および会社のロゴマークや商品の画像・映像

⑧　会社や社員個人，取引先や顧客個人を誹謗中傷，批判

⑨　他社商品やサービスについて，おとしめるような内容の情報

⑩　就職活動情報サイトなどへの社内情報の書き込み

⑪　その他，前各号に準ずる情報

2．前項に定められていない情報発信であっても，他の情報と組み合わせることにより前項の情報が特定される恐れがある場合も情報発信を行いません。また，匿名であっても同様に行いません。

【秘密保持期間】

第6条　本件秘密保持契約は，退職後であってもその効力を有するものとします。

【合意内容の非開示】

第7条　乙は本件合意書取り交し後，甲ならびに関連会社・グループ会社の従業員，および新たな就職先等の第三者に対して本件合意書および本件合意内容を開示いたしません。

【損害賠償】

第8条　前各条項に違反した場合，法的な責任を負担するものであることを確認し，これにより甲が被った一切の損害を賠償することを約束いたします。

2．乙が甲を退職後，前各条項に違反したことが発覚した場合は，法的な責任を負担するものであることを確認し，これにより甲が被った一切の損害を賠償することを約束いたします。

【信義則】
第9条　甲と本件合意書の記載事項に疑義が生じた場合，もしくは，本件合意書に記載なき事項については，甲と乙は信義を以って誠実に協議することを約束いたします。

年　　月　　日

　　　　　　　　　　　　（甲）　住所　東京都●●　●-●-●
　　　　　　　　　　　　　　　　株式会社●●●●
　　　　　　　　　　　　　　　　氏名　代表取締役　●●●●　　　　　印

　　　　　　　　　　　　（乙）　住所
　　　　　　　　　　　　　　　　氏名　　　　　　　　　　　　　　　　印

定年と高年齢者雇用確保措置
高齢者が働く制度は「年齢」に注意

■ 定年による退職制度

　定年制度は，契約期間に定めがない場合，一定の年齢（定年）に達した社員を退職させる制度です。定年の年齢は60歳以上でなければなりません。定年制度がない会社もしばしば見受けられますが，定年を設けていないと，「意欲と体力がある限り働いてもらう」ということになってしまうので注意してください。本人が退職を希望するか，極端な話，死亡するまで会社が面倒を見なければなりません。

■ 65歳まで働く制度づくり〜高年齢雇用確保措置

　さらに60歳で定年を迎えたとしても，法律により，次の三つのいずれかの制度を選んで，社員が希望すれば65歳まで働くことのできる受け皿を用意しておかなければなりません。

① 定年の定めの廃止
② 定年の引き上げ
③ 継続雇用制度（勤務延長制度，再雇用制度）

　①は，定年制度を廃止する制度です。本人に意欲と体力がある限り働いてもらうことになります。②は，定年を65歳以上に引き上げることになります。③は，いったん定年を迎えても，65歳までは雇用を継続する制度です。会社は，どの制度を選ぶかを決めて就業規則に明記します。
　現状では，③の継続雇用制度の中でも再雇用制度を採用している会社がほとんどです。この制度のメリットは，再雇用時に会社の事情，社員の能力に応じた労働条件を提示することができるという点です。他の制度では，基本的に社員の合意がなければ労働条件を変更することができないのです。
　なお，継続雇用制度の再雇用制度では，60歳でいったん退職させ，1

年ごとにその都度更新で65歳まで嘱託社員として再雇用するケースが多いようです。確かに，年齢が上がるほど，心身の健康や士気を保つことが難しくなるものです。契約期間の途中で健康を損ねたり，仕事への士気が著しく下がったりしても解雇することは難しくなるので，**1年ごとの有期雇用契約を繰り返し結ぶ**この方法が賢明でしょう。

◇60歳からの継続雇用制度（1年ごとに雇用契約を繰り返す場合）

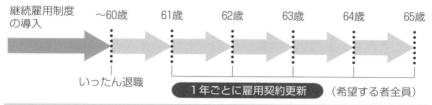

原則として希望者全員を継続雇用制度の対象としなければならない。

Column

第2定年設定のすすめ

　継続雇用制度で注意したいのは，再雇用の更新を繰り返して通算5年を超えた場合です。例えば60歳定年後65歳を超えて再雇用を繰り返した場合，高年齢者が無期雇用契約への転換を希望するケースが出てこないともいえません。これは，定年の定めがなく働くことを意味します（適用除外の認定を受けない場合）。

　そこで，就業規則には，再雇用年齢を「65歳まで」と規定する，万が一それを超えて更新しても，「無期転換の日から5年を限度」などと「第2定年」を規定することで，定年の定めがなくなる危険を防ぐことができます。

第4章

雇用契約の出口 〈解雇・退職〉

整理解雇と懲戒解雇

　解雇には，前述した普通解雇のほかに，整理解雇と懲戒解雇があります。整理解雇と懲戒解雇について，簡単に見ていきましょう。

● 経営上の都合で行う整理解雇

　整理解雇は，経営不振など会社側の経営上の都合によって事業縮小や事業の打ち切りなどを行う際に，人員整理の名目で行う解雇のことです。

　これが有効と認められるためには四つの要素が必要とされ，①人員削減の必要性，②解雇回避努力，③人員選定の合理性，④手続きの妥当性が「整理解雇の４要件」といわれています。①経営上，どうしても人員を整理しなければならない理由があり，②希望退職を募る，役員報酬のカット，新規採用の抑制，出向・配置転換など，整理解雇を回避するための努力を尽くした上で，③合理的かつ公平な基準に基づいて人選をし，④労働組合または従業員代表への説明や協議を十分に行うなど，納得を得るための手順を踏まなければなりません。また，あらかじめ就業規則には整理解雇を行う場合がある旨を記載しておく必要があります。

● 制裁処分としての懲戒解雇

　懲戒解雇は，会社のルールを破った制裁として行う解雇で，懲戒処分の中では最も重い罰則になります。ちなみに，懲戒処分は軽い程度から，戒告，けん責，減給，出勤停止，降格・降職，諭旨退職，懲戒解雇となります。

　整理解雇も懲戒解雇も，普通解雇以上にハードルが高いものです。行うには慎重を期す必要があります。

第 5 章

雇用契約書の
作成

実践編

1 雇用契約書の作成手順

チャートで見る　雇用形態別の記載内容

　この章では，実際の雇用契約書の作り方について見ていきます。雇用形態によって，内容が変わってくることがありますので注意してください。雇用形態ごとに，どこを見れば雇用契約書が完成するのかを下のチャートで確認しましょう。

該当ページ	191	193	196	199	202	204	209
雇用契約書の書き方	①	②	③	④	⑤	⑥	⑦
構成部分	前文・誠実勤務義務	雇用期間・就業場所・業務内容など				労働時間・休日など	

雇用形態別		191①	193②	196③	199④	202⑤	204⑥	209⑦
	正社員	■	■				■	
有期雇用契約社員	契約社員	■		■			■	
	パートタイマー	■		■				■
	嘱託社員	■			■			■
	無期転換社員					■		

212	215	219	221	223	225	227	231
⑧	⑨	⑩	⑪	⑫	⑬	⑭	⑮
	賃　金		人事異動・休職	退職・解雇	安全衛生義務	紛争の解決・合意管轄など	服務規律
	一般的な賃金制度	定額残業制					

■ ポイントを押さえた「雇用契約書」を作る

お互いが労働条件を確認する場では、「労働条件通知書」ではなく「雇用契約書」を交わしましょう。

第1章で説明したとおり、会社から「労働条件通知書」で一方的に通知しただけでは、そこから双方の合意を読み取ることができません。労働基準法の労働条件の明示義務を果たし、同時に、そこに同意の印を残すことができる雇用契約書の方が、万が一の紛争時には有効です。

また、本来、雇用契約書は、単なる入社時における労働条件を明示するだけのものではありません。長く続く雇用契約期間中における変更や雇用契約を終了することまでを見据えて作成する書類です。

ところが、よくある雇用契約書では入社時の条件しか書いておらず、例えば、今後想定される人事異動の可能性などに触れていないことがあります。こんな場合、数年してから人事異動を切り出すと、「聞いていません。入社時はこういう契約だったじゃないですか」と、社員から保管していた労働条件通知書やシンプルな雇用契約書を突きつけられる例もあるといいます。

「足りない部分は口頭で説明すればいい」「質問されたら、口頭で説明すればいい」「就業規則には書いてあるから説明する必要はない」との声も耳にしますが、「口頭」の説明、就業規則の周知といった対応では、社員が合意したという証拠が残らないので問題になります。

では、具体的にどのように雇用契約書を作れば、労使トラブルのリスクを抑えることができるのでしょうか。

■ 就業規則も整備する

雇用契約書を整えるだけでは不十分です。雇用契約書の取決めを最大限に生かすには、**会社の就業規則を適切に整備しておくことが不可欠**に

なります。

　就業規則と雇用契約書。この二つをうまくかみ合わせて，ベストの状態に持っていくにはどうすればよいのでしょうか。この章では，トラブルを防ぐ雇用契約書の作成のコツをお伝えします。それとともに，就業規則を整備するポイントを挙げていきます。

■　コミュニケーションも必要になる

　就業規則と雇用契約書が整ったら，次は，従業員とのコミュニケーションの場を作りましょう。

　例えば，入社前のオリエンテーションもコミュニケーションの機会の一つです。ある会社は，社員の雇入れの際にオリエンテーションを開き，就業規則を手元に置きながら会社の給与計算の仕方，残業の申請書の書き方など，一つひとつ細かに会社の決まりを説明するそうです。社内の定例会議でもセクハラなど労務に関する事項について取りあげるときは，就業規則をテキストとして用いるそうです。この会社は労使トラブルとはほぼ無縁です。

　法律では，労働条件の明示義務，就業規則の周知義務などが示されていますが，そのような決まりを知らなくても，「一緒に働くのだから，入社前にこのルールは社員に知ってもらいたい」という意識で動けば，法定の義務をクリアしてしまうのかもしれません。

3 作成前の基礎知識②

雇用契約書を結ぶまでの流れ

■ 合意内容をもとに雇用契約書を作る

雇用契約書は，会社と採用予定者が労働条件などで合意して雇用契約が成立した後，合意内容をもとに作成します。口頭や書面などで採用の内定を通知して（雇用契約が成立して）から，入社までに雇用契約書を交わすのが一般的な流れです。

■ 2通作成する

契約書は，法的には1通でも問題はないのですが，トラブルが起きたときにお互いが契約条件を確認できるように2通作成します。作成後は，会社の捺印をしておきます。1通は会社が，もう1通は入社予定者が保有します。

■ 十分に考慮する時間を与える

作成した契約書の内容を入社予定者に確認してもらいます。その上で，問題がなければ署名をしてもらいます。あまり体裁にこだわる必要はありません。実印でなくてもかまいませんし，記名＋押印でも，拇印でもかまいません。とにかく本人が合意したことが後々立証できることが重要です。そもそも「雇用契約は口頭でも成立する」のですから。

契約書の交付時に，誤解されやすい労働条件については十分な説明を加え，入社予定者からの質問があれば答えます。持ち帰ってもらうなど，相手が納得いくまで確認できるようにします。

署名，記名＋押印，拇印の違いにこだわらないで

　「署名」とは，契約者自身が自筆で名前を書くことです。契約書を交わすときは，署名をするだけで効力を持ちます。ただし，日本では，署名をした上に捺印（ハンコを押すこと＝押印）をするのが通例です。

　「記名」とは，印刷やパソコン，ゴム印の使用，他人の代筆など，自分でサインする以外の方法で自分の名前を書くことです。記名する場合は，押印することで，署名と同じ効力を持つとされます。「拇印」とは指の腹に朱肉を押しつけてハンコ代わりに使うことです。

　本文でもお話ししたように，署名，記名＋押印などの手順についてあまり気にかける必要はないでしょう。雇用契約時の1回の署名に神経を使わなくても，本書でアドバイスしているように毎年雇用契約書を交わしていれば，その行為の積み重ねで本人だと立証できるからです。

第5章

雇用契約書の作成　実践編

■ 会社に合った雇用契約書を作る

インターネットなどからダウンロードできる雇用契約書では，なかなか会社の実情にぴったりと合うものは見つからないのではないでしょうか。

そこで，自分たちの会社にぴったりフィットし，かつ十分な説明を加えた雇用契約書を作りましょう。

■ 雇用契約書は雇用形態別に作成する

雇用契約期間が主に無期か有期かの雇用形態別で雇用契約の内容が変わります。少なくとも次のような雇用形態別に雇用契約書を作りましょう。

(1) 正社員（期間の定めのない社員）
(2) 有期雇用契約社員（期間の定めのある社員）
  a　契約社員
  b　パートタイマー（短時間勤務）
  c　嘱託社員（定年後の再雇用）
(3) 無期転換社員

正社員以外の雇用形態では，所定労働時間の長さ（正社員と同じか，それより短いか），賃金の構成などで雇用契約書を変える必要が出てきます。ここでは，有期雇用契約社員を，正社員同様の時間働く「契約社員」，主に短時間勤務の「パートタイマー」，定年後の再雇用者を対象とした「嘱託社員」に分けて作成しています。また，各有期雇用契約社員から無期転換ルールにより無期雇用契約に転換した「無期転換社員」についても他の雇用形態とは分けて作成しています。

■ 雇用契約書の構成

雇用契約書は，大きく次のように構成されています。

1 前文・誠実勤務義務
2 雇用契約に関する事項
3 労働時間など
4 賃金（一般的な賃金制度・定額残業制）
5 人事異動・休職
6 退職・解雇
7 安全衛生義務
8 紛争の解決・合意管轄など
9 服務規律

1 前文・誠実勤務義務

雇用契約書の目的，雇用されるにあたって社員として果たすべき義務について記載します。雇用契約書に記載の事項のみならず，就業規則やその他規程，業務上の指示・命令等もきちんと守ってもらうことを確認します。

(1) タイトル
(2) 前文
(3) 誠実勤務義務

2 雇用期間・就業場所・業務内容など

雇用期間や就業場所，業務内容などの雇用契約内容（労働時間，賃金等除く）を記載します。

(1) 雇用期間
(2) 就業場所

(3) 業務内容など

3　労働時間・休日など

　労働時間，休日などを規定します。労働条件の中でも特に社員が注目する部分です。数字は正確に記し，変更する可能性などについても説明します。

　下のような項目を盛り込みます。

(1)　出勤日
(2)　休日
(3)　休暇
(4)　就業時間等
(5)　休憩時間
(6)　所定外労働時間

4　賃　　　金

　給与体系や昇給・降給制度，退職金制度の有無などを規定します。労働時間と同じく，社員が念入りに確認する部分です。数字は正確に記します。

(1)　基本給
(2)　手当
(3)　割増賃金
(4)　賃金控除
(5)　給与支払日
(6)　昇給・降給
(7)　賞与
(8)　退職金

5 人事異動・休職

雇用契約書では入社時の雇用条件だけでなく，入社後，つまり在籍中の事項についても記載します。

6 退職・解雇

退職時はトラブルが発生しやすいタイミングです。どのような手順を踏むか，引き継ぎ等何が必要か社員が守るべきルールや義務を記載します。

7 安全衛生義務

会社の安全配慮義務に加え，健康診断の受診等，社員が守るべき義務についても記載しておきます。

8 紛争の解決・合意管轄など

契約外の事項・合意管轄についてなどトラブル時の対応などについて記載します。

9 服務規律（就業規則の抜粋）

雇用契約締結時に知らせておきたい内容を就業規則から抜粋して記載します。

ところで，インターネットなどで出回る労働条件通知書を使っている多くの社長が，「あまりいろんなことを社員に通知したくない」と言います。なぜでしょうか？　それは既成の労働条件通知書が"社員の権利"（＝会社の義務）ばかり記載しているように見えるからです。「会社の義務ばかりあえて書かなくてもよいのでは？」と思うのが率直な感想なのでしょう。

しかし，忘れてはならないのは，雇用契約は（双務）契約で，双方向の権利義務関係があるということです。

ですから，社員の義務についても，むしろ積極的に記述するべきでしょう。社員の義務の代表例が服務規律です。服務規律は，会社からの

189

一方的な「通知書」ではなく，内容に合意したことが証明できる「雇用契約書」に盛り込んでいきましょう。特に最近では，安全配慮義務をはじめ，企業の義務ばかりが意識されますが，そもそも労働者にも，就業規則や職場のルールに従い勤務しなければならない「誠実勤務義務」や社内の機密情報・顧客情報に関する「守秘義務」，自ら体調を管理する「自己保健義務」などがあります。

雇用契約書の書き方①

前文・誠実勤務義務（共通）

■ 標題（タイトル）を書く

最初にタイトルを書きます。「雇用契約書」と書いてもよいですし，「正社員用雇用契約書」「有期雇用社員用契約書」などと細かく書いてもかまいません。表紙をつけてもよいでしょう。

■ 前文（契約締結の事実）を書く

本文に入る前置きとして，契約締結の事実を書きます。双方の契約者の名前を書き入れます。

契約書を作成するときは，当事者の名前を何度も書かなくて済むように，当事者の一方を「甲」，もう一方を「乙」と置き換えることがあります。雇用契約書では，雇う側を「甲」，社員を「乙」とするのが通常です。初めに双方の名前を書き，以後は「甲」「乙」で記載します。

■ 誠実勤務義務を書く

ここから，当事者の権利義務などについて定めた約定事項に入ります。雇用契約を締結する以上，会社にももちろん賃金支払い義務がありますが，社員にも誠実な態度で会社のために労務提供をしてもらわなければなりません。

誠実勤務義務を冒頭部分に持ってくるのは，「会社の事業目標達成のために，職場のルールを守り，会社の言うことを聞いて，まじめに働いてくださいよ。」という意味合いです。社員には，権利の主張ばかりではなく，ちゃんと基本的な義務を果たしてくださいね，と初めに念押ししておくのです。

雇用契約書

　株式会社○○（以下「甲」という）と△△（以下「乙」という）とは，甲が乙を雇用するにあたり，次のとおり雇用契約を締結します。本契約書に記載のない事項については就業規則の定めるところによります。

【誠実勤務義務】

第１条　乙は甲と本契約を締結するにあたり，甲の正社員として就業規則その他の規程および，指示・命令等を守り，誠実かつ忠実に勤務することを約束しました。

！　作成のポイント

・標題と前文を書く。この部分の記載がなくても，契約書の効力にはあまり関係がない。
・社員の「誠実に労務を提供する義務」を記載する。

！　就業規則の整備ポイント

・就業規則の前文や総則に「（この就業規則は）労働基準法その他法令の定めるところによる」という文言は書かないこと。よく見られる文面だが，書いてしまうと想定していなかった法令に拘束されることがあり，結局，雇用契約書もその法令に従うことになってしまう。

雇用契約書の書き方②

雇用期間・就業場所・業務内容など～正社員

■ 雇用形態で変わる

労働条件の「雇用期間」「定年」「就業場所」「業務内容」などの記載は，雇用形態によって変わってきますので，この部分は雇用形態別に説明しましょう。この項目では，正社員について見ていきます。

◎雇 用 期 間

正社員は，「雇用期間に定めのない」＝「定年まで雇用する」という契約なので，雇用期間には「**期間の定めなし**」と書きます。

◎試 用 期 間

試用期間を設けている場合は，試用期間の項目を作り，試用期間の長さを記載します。就業規則には試用期間のルールを記載します。本採用拒否を行う場合に備えて，本採用を取り消す事由を就業規則に明記しておきます。

◎定　　　年

会社で定めた定年を記載します。定年は，60歳以上と定められています。定年を過ぎても65歳までは何らかの雇用制度を用意する義務があります（高年齢雇用確保措置）。就業規則に定めた高年齢雇用確保措置を簡単に書いておきます。

◎就業場所・業務内容

正社員では，適材適所という意味でも異動を有効にしておきたいものです。「就業場所」と「業務内容」には，採用時の場所や業務内容に加えて，**但し書きに，配置換え，転勤，出向などの人事異動で現在の場所や業務内容の変更がある可能性を記載します**。この但し書きを書かない

と，雇用契約時に「入社時に，勤務場所または業務内容について限定の
合意があった」＝「異動はない」とみなされる傾向があるので注意が必
要です。もちろん，就業規則でも異動のルールを整えておきます。

　業務内容については，本来の業務以外に幅広く業務をお願いすること
があるでしょう。その場合に備えて「甲が指示するあらゆる業務」とい
う一文を加えておきましょう。

■　限定社員って何？

　限定社員とは，無期雇用契約ですが，職種や職場などを限定して採用
される社員のことです。ここ数年，労働力の活用やワークライフバラン
スの視点から，よくこの言葉を耳にするようになりました。

　一般的には，配置換えや転勤がない，子育てなどと両立しやすい，専
門性も高めやすいなどのメリットが挙げられています。限定する条件が
なくなったとき，例えば工場の閉鎖などが解雇のきっかけとなりますが，
契約の“限定”条件がなくなったからといって，簡単に解雇できるとい
うわけではありません。その場合でも，会社側に解雇を避けるための配
慮が求められます。

◆　雇用契約に関する事項（前半）〜正社員　の書き方例

> 【雇用契約】
> 第○条　甲は乙を以下記載の労働条件で雇用します。
> 　2　雇 用 期 間：○年○月○日より期間の定めなし
> 　3　試 用 期 間：6か月
> 　4　定　　　　年：60歳（65歳まで「再雇用制度」あり）
> 　5　就 業 場 所：本社（東京都●●　●−●−●）
> 　　　　　　　　　ただし，配置換え，転勤，出向により場所を変更する
> 　　　　　　　　　ことがあります。
> 　6　業 務 内 容：営業および甲が指示するあらゆる業務
> 　　　　　　　　　ただし，配置換え，職務転換等で当初の職務と異なる
> 　　　　　　　　　職務に就かせることがあります。

🛈 作成のポイント

・「雇用期間」には，雇用期間に定めのない「期間の定めなし」と記載。
・試用期間制度があれば「試用期間」の項目を設け，試用期間の長さを記載する。
・「定年」には，会社の定めた定年（60歳以上）と高年齢雇用確保措置を記載する。
・「就業場所」には，採用時の就業場所を記載する。人事異動で就業場所が変更になる可能性があることを但し書きに記載する。
・「業務内容」には，採用時の業務内容を記載する。人事異動で業務内容が変更になる可能性があることを但し書きに記載する。

🛈 就業規則の整備ポイント

・試用期間制度を作る場合は，ルール化して規定する。特に，本採用拒否をする事由を設定する。
・定年制度，高年齢確保措置に応じた制度を整備する。
・「人事異動命令に従う義務」を記載する。

正　社　員→39ページ　　試 用 期 間→79ページ
定年と高年齢雇用確保措置→176ページ
人 事 異 動→163ページ

第5章

雇用契約書の作成　実践編

7 雇用契約書の書き方③

雇用期間・就業場所・業務内容など～契約社員・パートタイマー

■ 有期雇用契約社員の書き方

　有期雇用契約社員（契約社員・パートタイマー）の労働条件「雇用期間」「就業場所」「業務内容」の記載について見ていきます。

◎雇用期間の注意点

　契約期間に定めがあるので，「雇用期間」には契約期間を記載します。正社員には設ける「定年」「試用期間」の項目は入れません。代わって，**「契約期間が満了すれば雇用契約が当然に終了する」旨と契約期間を更新する場合の事由**をしっかり明記しておく必要があります。

　実質は無期雇用契約と期待を持たせるような**「契約は自動更新とする」という文言は入れてはいけません。**「更新する場合がある」という曖昧な表現も本来は記載しないほうがよいのです。しかし更新がないと働く側のモチベーションが下がる，ということも考えられます。ですから，「あくまでも原則は期間満了時の退職で，特別な条件を満たした場合にのみ，契約更新することがある」というスタンスで更新する場合の判断基準を記載します。

　契約更新の限度回数，通算契約期間の上限が定められている場合は，記載しましょう。また，本契約が何度目の更新にあたるのか，通算契約期間が何年目なのかも，あわせて記載するとよいでしょう。

◎有期雇用契約では定年を入れないで

　有期雇用契約で，「定年は60歳」などと書かれていることがあります。そもそも定年制度は，期間の定めのない雇用契約で設ける制度です。定年を設けることによって，逆に「この年齢までは契約が更新される」という期待を持たせることになってしまいますから，この記述は避けましょう。

◎就業場所・業務内容

　「就業場所」と「業務内容」の項目には，契約時の就業場所と業務内容を記載します。「業務内容」については，本来の業務より幅広くなる可能性もあるので，「甲が指示するあらゆる業務」の一文を加えておきます。

◆ **雇用契約に関する事項（前半）〜契約社員・パートタイマー** の書き方例

> 第○条　甲は乙を以下記載の労働条件で雇用します。
>
> 　2　雇用期間：○年○月○日から○年○月○日まで
>
> 　3　雇用契約期間が満了したときは，雇用契約は当然に終了します。
>
> 　4　前項の規定にかかわらず，乙が申し出て，以下の判断基準のすべてに合致する場合には契約を更新することがあります。ただし，雇用契約の通算期間は5年を最長とします。
>
> 　⑴　契約満了時点の業務の有無または業務量により判断します。
>
> 　⑵　本人の職務能力，就労成績，健康状態，人事評価，解雇の規定に定める事由により判断します。
>
> 　⑶　甲の経営内容，経営悪化や大量の業務消滅等経営状況により判断します。
>
> 　⑷　前各号のほか，甲が更新すると認めるに至ったときには，更新する場合があります。
>
> 　5　就業場所：本社（東京都●●　●−●−●）
>
> 　6　業務内容：営業事務および甲が指示するあらゆる業務

🛈 作成のポイント

・雇用期間は，契約期間の始期と終期を記載する。

・契約期間終了時は，当然終了することを前提とし，契約の更新条件は厳しくする。社員から申し出て，さらにすべての条件をクリアするようにする。

・契約の限度回数・契約期間の上限があれば記載する。

・就業場所，業務内容は，それぞれ採用時の就業場所，業務内容を記載。

⚠ 就業規則の整備ポイント

・正社員とは別に有期雇用契約社員用の就業規則を整備する。
・契約期間満了時に当然に終了することを明記する。
・更新の判断基準について整備する。

有期雇用契約社員→83～92ページ
契 約 期 間→86ページ

雇用契約書の書き方④

雇用期間・就業場所・業務内容など〜嘱託社員

■ 嘱託社員の書き方

　定年後に採用する嘱託社員では,「雇用期間」の記載内容が他の有期雇用契約社員と異なることに注意します。

◎雇用期間の注意点

　高年齢雇用確保措置として,定年の引き上げや継続雇用制度の導入など,65歳まで雇用する制度を設けなければなりませんが,定年を60歳として,65歳までは有期雇用契約として再雇用制度を実施している会社が多いかと思います。継続雇用制度は,原則として希望者全員を対象としなければなりませんが,必ず全員を65歳まで雇用しなければならない訳ではありません。本人が継続を希望していても,就業規則に定める解雇・退職事由に該当すれば契約更新しないこともできますし,契約更新時に労働条件で会社と社員が合意に達しなければ,そのまま雇用が終了する可能性もあります。雇用契約が必ず更新されるという期待を持たせないように,「雇用契約期間が満了したときは,雇用契約は当然に終了します」の一文を入れ,契約時にも説明をしましょう。

　また,定年再雇用後の有期雇用契約期間も通算5年を超えれば無期転換ルールの対象となりますが,継続雇用の高齢者に関する労働局の認定を受けている場合は,その旨を記載する必要があります。

◎就業場所・業務内容

　「就業場所」と「業務内容」の項目には,契約時の就業場所と業務内容を記載します。「業務内容」については,本来の業務より幅広くなる可能性もあるので,「甲が指示するあらゆる業務」の一文を加えておきます。

第○条　甲は乙を以下記載の労働条件で雇用します。

2　雇用期間：○年○月○日から○年○月○日まで

3　雇用契約期間が満了したときは，雇用契約は当然に終了します。

4　契約期間満了時に，乙が継続雇用を希望した場合，65歳に達するまでを上限として，再雇用の対象者とします。ただし，解雇事由または退職事由に該当しない場合に限ります。

5　以下の期間は無期転換申込権が発生しないものとします。

・第二種：定年後引き続いて雇用されている期間

※　継続雇用の高齢者に関する労働局の認定を受けている場合

6　契約期間は，年次有給休暇の勤続年数の計算においては勤続年数に通算します。

7　就業場所：本社（東京都●●　●－●－●）

8　業務内容：営業および甲が指示するあらゆる業務

❗ 作成のポイント

・雇用期間は，契約期間の始期と終期を記載する。
・契約期間は基本的に1年以内とする。労働条件は再雇用時に新たに設定することができる。
・契約期間満了時に雇用契約は当然に終了することを記載する。
・「65歳まで」と更新年齢の上限を記載するとよい。
・無期転換についての特例の認定を受けている場合は，その旨を記載する。

❗ 就業規則の整備ポイント

・高年齢雇用確保措置の制度を整備する。
・嘱託社員の制度を整備する。
・特例の認定を受けてない場合は，5年を超えて雇用する場合に備えて第2定年を設定しておく。

高年齢雇用確保措置と継続雇用制度→176ページ
第 2 定 年→177ページ　　嘱託社員→39ページ

雇用契約書の書き方⑤

雇用期間・就業場所・業務内容など〜無期転換社員

■ 無期転換社員の書き方

　無期転換社員の労働条件「雇用期間」「就業場所」「業務内容」の記載について見ていきます。

◎雇用期間

　有期契約社員が無期転換ルールに基づき，無期契約になったので，雇用期間は「期間の定めなし」と書きます。また，試用期間については，「お試し期間」という趣旨からすると，既に5年以上勤務しているということを考えれば，設定しないのが一般的です。

◎定　　年

　有期契約から無期契約になったわけですので，定年の設定が必要となります。正社員と同様に，定年は60歳以上で，65歳までの高年齢者雇用確保措置の整備が必要です。

◎就業場所・業務内容

　原則として，契約期間以外の労働条件は，無期転換前と同一となりますが，就業規則に別段の定めをしている場合は，変更することも可能です。例えば，無期雇用となると，定年までの長期雇用が前提となるため，有期契約の時にはなかった教育訓練や配置換え・転勤・出向などの人事異動が発生する場合があります。そういった場合には事前に就業規則にそのような定めをした上で，従業員にも十分にその旨を説明する必要があるでしょう。

【雇用契約】

第〇条　甲は乙を以下記載の労働条件で雇用します。

　2　雇 用 期 間：〇年〇月〇日より期間の定めなし

　3　定　　　年：60歳（65歳まで再雇用制度あり）

　4　就 業 場 所：本社（東京都●●　●−●−●）

　　　　　　　　　ただし，配置換え，転勤，出向により場所を変更する

　　　　　　　　　ことがあります。

　5　業 務 内 容：営業事務および甲が指示するあらゆる業務

　　　　　　　　　ただし，配置換え，職務転換等で当初の職務と異なる

　　　　　　　　　職務に就かせることがあります。

！　作成のポイント

・「雇用期間」は「期間の定めなし」となる。
・試用期間は設けない。
・定年と高年齢者雇用確保措置を記載する。
・「就業場所」「職務内容」は従前と同様とする。ただし，就業規則に別
　段の定めがある場合は，その旨を記載する。

！　就業規則の整備ポイント

・無期転換社員に適用される就業規則を明確にする。
・定年制度，高年齢者雇用確保措置を整備する。
・無期転換前と異なる労働条件となる場合は「別段の定め」をする。

無期転換社員→39〜40ページ
無期転換ルール→88〜89ページ
定　　　年→176〜177ページ

第5章　雇用契約書の作成　実践編

10

雇用契約書の書き方⑥

労働時間・休日など～正社員・契約社員

■ 労働時間設定の原則

　労働時間の設定は，原則として法定労働時間，法定休日，休暇，休憩などのルールを守って設定します。

　労働時間では，残業があるかどうか，あるとすればどれくらいあるのかは，社員が最も知りたいことの一つです。ここでどれくらい残業があるのかを詳しく説明しないのは逆効果です。「こんなに残業があるとは聞いていなかった」と，入社してからのギャップに社員は不満を募らせるかもしれません。

　「一定の残業はあるが，法律に従い健康にも配慮する」「労働時間とはこういうことだから理解して」と，会社の姿勢・考え方も含めてなるべく丁寧に説明しましょう。社員にはなるべく納得の上で仕事をしてもらうようにしたいものです。場合によっては，協定済みの36協定を見せてもいいでしょう。

◎出勤日・休日

　会社所定の出勤日と休日を記します。

　休日については，週休2日制で，祝日もカレンダーどおりに休む会社は，「土・日・国民の祝日」などと記載してもかまいません。また，シフト制や変形労働時間制を適用し，曜日などでの記載が難しい場合は，年間の日数や，「勤務シフト表」「会社カレンダー」等により定める旨を記載しましょう。その際は，変形労働時間制のルール等に従い，シフト表やカレンダーを社員に周知することも必要です。

◎休　　暇

　年次有給休暇，その他の法定の休暇等について記載する箇所です。

　法定の休暇には，年次有給休暇のほか，産前産後休業，育児休業，介

護休業，生理休暇，子の看護休暇，介護休暇などがあります。もともと法律で定められているものなので，細かいところは就業規則に定め，雇用契約書には「法定どおりに与える」との記載をし，社員へは就業規則を見せながら説明しましょう。

　また，慶弔休暇など，会社が独自に定める特別休暇なども，雇用契約書に細かく記載するのではなく，就業規則上で整備しておき，必要に応じて就業規則の該当箇所を示しましょう。

◎就業時間等

　就業時間は，社員が念入りに確認するところです。どうしても社員は雇用契約書の条文そのものより，わかりやすい数字部分に目がいきます。**数字の記載には特に注意を払う**ようにしましょう。

　原則の始業時刻・終業時刻・所定労働時間を記載します。念のため，労働時間を変更する場合があることも記します。

　労使トラブルの多くは，労働時間や残業時間に対する認識が会社と社員の間でズレているところから生じるものです。これから働いてもらう上で，「労働時間とは何か」は，会社と社員の間でしっかり確認しておきましょう。

　残業は，会社の許可や指示命令がない自発的な残業は労働時間として認めないことなどを記載しておき，口頭でも十分に説明しましょう。

◎休　憩　時　間

　原則となる休憩時間を記載します。過重労働とならないように，残業をする際などに追加で休憩を与える可能性があることも記しておきます。

◎所定外労働時間

　法定の労働時間を超えて残業をさせることがある場合，36協定で結んだ時間の範囲内で時間外労働をさせることを明記します。

　36協定の特別条項を設けて残業させる場合は，社員の心身の健康に配慮することを記載します。

【労働時間】

第○条　乙の労働条件は以下のとおりとします。

① 出　勤　日：月，火，水，木，金曜日

② 休　　　日：少なくとも週1回の休日を付与するものとし，年間
　　　　　　　　　カレンダーにより定めます。

③ 休　　　暇：法定どおりに与えます。

④ 就業時間等：乙の所定労働時間，始業・終業時刻等は原則として
　　　　　　　　　次のとおりとします。

始業時刻	終業時刻	1日の所定労働時間
9：00	18：00	8時間00分

　　　　　　　　　始業および終業時刻は，業務の都合により，事前に
　　　　　　　　　予告して当該勤務日の所定労働時間の範囲内で，職
　　　　　　　　　場の全部または一部または各人において変更するこ
　　　　　　　　　とがあります。
　　　　　　　　　労働時間とはあくまで甲の指示，命令の下に，要求
　　　　　　　　　する業務に従事している時間をいいます。甲の許可
　　　　　　　　　なく個人的判断で行っている任意の業務，または任
　　　　　　　　　意で行う業務技術向上のための訓練などは，労働時
　　　　　　　　　間として認識しません。

⑤ 休 憩 時 間：休憩時間は60分とします。なお，業務量が増大し，
　　　　　　　　　乙への肉体的・精神的負担が強くなると判断した場
　　　　　　　　　合は，休憩時間をさらにとらせる場合があります。

⑥ 所定外労働時間：甲は，業務の都合により所定労働時間外，または休
　　　　　　　　　日に労働を命ずることがあります。甲と労働者代表
　　　　　　　　　との間で特別条項付時間外労働・休日労働に関する
　　　　　　　　　協定届を締結した場合，定められた限度時間を超え
　　　　　　　　　て時間外労働をさせることがあります。ただし，そ
　　　　　　　　　の場合でも甲は乙の健康に配慮し，長時間労働を可

能な限り抑制するよう努めます。また，長時間労働
により乙から健康障害の申し出があり，かつ，専門
家の意見に基づき甲が必要と認めた場合には，速や
かに労働時間の短縮措置を講じます。

2　業務の都合により，やむを得ない場合は，前各号の事項について変
更することがあります。その場合，甲は乙に対して，事前に通知する
ものとします。

❗ 作成のポイント

・出勤日には，所定の出勤日を記載する。
・休日のルールを記載する。
・休暇は，就業規則を整備した上で「法定どおりに与えます」のみでよ
い。
・就業時間等は，所定の始業・終業時刻，所定労働時間を記載する。
「労働時間」「残業時間」についての定義を明記する。
・休憩時間は，所定の休憩時間を記載する。その他，過重労働とならな
いように，追加の休憩時間を与えることを明記する。
・所定外労働時間は，残業の範囲を記載する。健康に配慮して働かせる
ことを明記する。
・就業時間等に変更がある可能性を記載する。

❗ 就業規則の整備ポイント

・出勤日，休日を設定する。
・始業・終業時刻，休憩時間，所定労働時間を設定する。
・有給休暇のルールを設定する。
・他の法定休暇，特別休暇のルールを規定する。
・労働時間，残業時間の定義を規定する。
・長時間労働では健康に配慮して働かせることを記載する。

11

雇用契約書の書き方⑦

労働時間・休日など〜パートタイマー・嘱託社員

■ **パートタイマーや嘱託社員は「出勤日」「就業時間等」の記載に注意する**

　パートタイマーや嘱託社員も，雇用契約書で労働時間を記載する際に注意する点は，基本的に正社員・契約社員と変わりません。

　パートタイマーと嘱託社員は，所定労働時間や所定労働日数が正社員・契約社員より短い傾向にありますが，「出勤日」「就業時間等」の記載の仕方については注意が必要です。

　社会保険加入の有無は，週の所定労働時間や所定労働日数に応じて決まります。また，年次有給休暇の比例付与日数は週の所定労働日数によって決まります。

　パートタイマーは，実際には週に２日働くときもあれば，３日働くこともあると思います。迷ったときは，社会保険加入の有無，年次有給休暇の比例付与日数を考慮して，週の「平均」の労働時間と労働日数を決定し，雇用契約書に記載します。

　万が一，年金事務所が社会保険加入の調査に入ったり，労働基準監督署が年次有給休暇の付与が適切かどうかで調査に入ったりした際には，まず雇用契約書の内容を確認します。あやふやにしておかずに積極的に書面に残しておきましょう。

　また，パートタイマーも貴重な戦力です。パートタイマーだから残業はできない，というわけではありません。所定外労働時間の有無などは，原則として「有」とするべきでしょう。「無」とすると，残業をしてもらいたくても協力を仰げなくなります。

　他の作成時の注意点については前項（204ページ）を参照してください。

【労働時間】

第○条　乙の労働条件は以下のとおりとします。

① 出　勤　日：原則として週３日勤務とし，各職場の勤務シフト表により定めます。１週間の所定労働時間は，平均して15時間とします。

② 休　　　日：少なくとも週１日の休日を付与するものとし，各職場の勤務シフト表により定めます。

③ 休　　　暇：法定どおりに与えます。

④ 就業時間等：乙の所定労働時間，始業・終業の時刻は，原則次のとおりとして各職場の勤務シフト表により定めます。

始業時刻	終業時刻	１日の所定労働時間
10：00	16：00	５時間00分

始業および終業時刻は，業務の都合により，事前に予告して当該勤務日の所定労働時間の範囲内で，職場の全部または一部または各人において変更することがあります。

労働時間とはあくまで甲の指示，命令の下に，要求する業務に従事している時間をいいます。甲の許可なく個人的判断で行っている任意の業務，または任意で行う業務技術向上のための訓練などは，労働時間として認識しません。

⑤ 休 憩 時 間：休憩時間は60分とします。なお，業務量が増大し，社員への肉体的・精神的負担が強くなると代表が判断した場合は，休憩時間をさらにとらせる場合があります。

⑥ 所定外労働時間：甲は，業務の都合により所定労働時間外，または休日に労働を命ずることがあります。

2　業務の都合により，やむを得ない場合は，前各号の事項について変更することがあります。その場合，甲は乙に対して，事前に通知するものとします。

❗ 作成のポイント

・社会保険加入の有無，有給休暇の比例付与日数が一目で判断できるように，所定労働日数と所定労働時間は週単位で記載する。
・基本的に残業がなくても「所定外労働時間」を命ずる可能性を書いておく。
・勤務場所や職務・職責の範囲など，正社員と違いがある場合はその違いを明記しておく。
・他の作成ポイントについては前項（207ページ）を参照のこと。

❗ 就業規則の整備ポイント

・出勤日・休日を設定する。
・始業・終業時刻，休憩時間，所定労働時間を設定する。
・他の整備ポイントについては前項（207ページ）を参照のこと。

労 働 時 間→96〜101ページ　　残 業 時 間→102〜109ページ
休　　　　日→97〜101ページ　　36 協 定→107ページ
休 憩 時 間→96〜100ページ
長時間労働と安全配慮義務→110〜111ページ
有 給 休 暇→123〜126ページ
比例付与日数→124ページ　　法 定 休 暇→127〜128ページ
社会保険の加入要件→91ページ

第5章
雇用契約書の作成　実践編

12

雇用契約書の書き方⑧

労働時間・休日など〜無期転換社員

■　労働条件は「無期転換前と同一」が原則

　無期転換社員の労働条件は，契約期間以外，無期転換前と同一になります。従前の「出勤日」「休日」と同じように記載します。また，年次有給休暇に関しては，無期転換前の勤続年数や付与日数も継続となります。

■　労働条件を変更する場合の注意点

　202ページでも述べたとおり，就業規則に別段の定めをすることで，無期転換社員の労働条件を変更することが可能です。しかしながら「無期転換後は転居を伴う異動・出向もあり」など，実際は必要性がないにもかかわらず，正社員並みの責任を負わすような定めをすることで，実質的に無期転換ルールの適用を避けることは法律の趣旨に照らして望ましいものとはいえません。

　また，会社によっては無期転換＝正社員化というルールにしているケースもあり，労働者にとっては非常に有利なものと思われますが，このような場合でも少し注意が必要です。例えば育児や介護など家庭の事情によりやむなくパートタイムとしての勤務を選択している方は，正社員としての勤務（フルタイム勤務）ができないため，無期転換＝正社員化のみというルールの下では無期転換の申し出ができなくなってしまいます。このような場合は，正社員化とあわせて，雇用期間のみの変更が可能なルールも併設することが適切であるとされています。

【労働時間】

第○条　乙の労働条件は以下のとおりとします。

① 出　　勤　　日：原則として週3日勤務とし，各職場の勤務シフト表により定めます。1週間の所定労働時間は，平均して15時間とします。

② 休　　　　　日：少なくとも週1日の休日を付与するものとし，各職場の勤務シフト表により定めます。

③ 休　　　　　暇：法定どおりに与えます。

④ 就 業 時 間 等：乙の所定労働時間，始業・終業の時刻は，原則次のとおりとして各職場の勤務シフト表により定めます。

始業時刻	終業時刻	1日の所定労働時間
10：00	16：00	5時間00分

始業および終業時刻は，業務の都合により，事前に予告して当該勤務日の所定労働時間の範囲内で，職場の全部または一部または各人において変更することがあります。

労働時間とはあくまで甲の指示，命令の下に，要求する業務に従事している時間をいいます。甲の許可なく個人的判断で行っている任意の業務，または任意で行う業務技術向上のための訓練などは，労働時間として認識しません。

⑤ 休 憩 時 間：休憩時間は60分とします。なお，業務量が増大し，社員への肉体的・精神的負担が強くなると代表が判断した場合は，休憩時間をさらにとらせる場合があります。

⑥ 所定外労働時間：甲は，業務の都合により所定労働時間外，または休日に労働を命ずることがあります。

2　業務の都合により，やむを得ない場合は，前各号の事項について変更することがあります。その場合，甲は乙に対して，事前に通知するものとします。

🔔　作成のポイント

・原則「労働時間」「出勤日」は従前と同様とする（211ページ参照）。
・就業規則に別段の定めがある場合には，その旨を記載する。

🔔　就業規則の整備ポイント

・無期転換社員に適用される就業規則を明確にする。
・無期転換前と異なる労働条件となる場合は「別段の定め」をする。

労 働 時 間→96〜101ページ　　残 業 時 間→102〜109ページ
休　　　　日→97〜101ページ　　36 協　定→107ページ
休 憩 時 間→96〜100ページ
長時間労働と安全配慮義務→110〜111ページ
有 給 休 暇→123〜126ページ
比例付与日数→124ページ　　法 定 休 暇→127〜128ページ
社会保険の加入要件→91ページ

13

雇用契約書の書き方⑨

賃金〈一般的な賃金制度の場合〉（共通）

■ 給与の設定の原則

給与の設定は，社員が念入りに確認する事項です。基本給など，個別に決まっている金額や項目を記載します。

給与は，社員のモチベーションを左右する重要な項目です。社員の勤務成績，能力などの評価と連動させたしくみを取り入れてもよいでしょう。

特に各種手当は，給与規程で詳細な金額まで決めてしまうと，個別の給与設定で融通が利かなくなります。給与規程では支給する手当の項目など基本的な性質・要件だけを決めておき，詳しい給与金額設定は個別の雇用契約書で通知できるようにします。

■ 有期雇用契約での明示事項

基本的に，有期雇用契約でも記載の仕方は変わりません。ただ，「昇給の有無」「退職金の有無」「賞与の有無」は，パートタイマーに対して必ず書面で明示しなければならない事項だということを覚えておきましょう。

有期雇用契約社員の賞与・退職金については，同一労働同一賃金の趣旨に照らし，適用の有無を慎重に検討しなければなりません。

◎基本給・手当

基本給には，月給・日給・時給のような形態がありますが，該当する形態と金額を記載します。手当は，あらかじめ手当名，支給条件などを給与規程で定めておきます。その上で，当該社員には，何の手当がいくら支払われるか，を明確にします。給与規程に手当の性質のみ記載し，具体的な金額は雇用契約書によって示すというしくみにします。

◎割増賃金

　法定外の労働時間，深夜時間，あるいは法定休日に勤務するときは割増賃金を支払うことを明記します。なお，時間外労働は，会社の指揮命令により，または会社から許可を受けて行われ，割増賃金はこれに対して支払うことを念押ししておきます。

◎賃金控除

　賃金控除する項目を記載します。源泉所得税，住民税，また社員が社会保険や雇用保険の対象者であるときはその保険料を控除する旨を記載します。その他，労使協定で控除が決まった項目があれば記載します。

◎給与支払日

　毎月の給与の締め切り日と支払日を記載します。給与支払いが銀行振込の場合，支払日が金融機関の休みの日の場合の取扱いについても記載します。

◎昇給・降給

　昇給・降給制度を記載します。昇給・降給は，経営状態や個人の勤務成績・経験などによって決定できるようなものにするとよいでしょう。

◎賞与・退職金

　賞与制度，退職金制度の有無，制度があればその内容を記載します。ここでは，ないものをあるように期待させることは禁物です。例えば退職金規程がないのにもかかわらず，「退職金あり」と書いてあったら，その人については雇用契約書が優先されます。

　退職金制度が就業規則などで詳細に決められている場合は，雇用契約書には「退職金制度に基づき支給します」程度の記載でよいでしょう。

◆ **賃　　金** の書き方例　〈賞与制度・退職金制度がある場合を含む〉

【給　　与】

第○条　甲は，乙により労務の提供があった期間あるいはその業務の量に
　　　　対し，次に定められた給与を支払うものとします。

　　① 基　本　給：○○円

　　② 手　　　当：次に定める手当を支給します。

　　　　　　　　　　　□□手当　　　○○円

　　　　　　　　　　　××手当　　　○○円

　　③ 割 増 賃 金：時間外手当，深夜手当，休日手当は，法定外の労働
　　　　　　　　　　時間，深夜時間に勤務すること，あるいは法定休日
　　　　　　　　　　に就業することを命ぜられ，または承認を得て，そ
　　　　　　　　　　の勤務に服した乙に支給します。

　　④ 賃 金 控 除：甲は乙の給与から，源泉所得税・住民税・対象者に
　　　　　　　　　　ついては雇用保険料・社会保険料被保険者負担分を
　　　　　　　　　　毎月控除します。

　　⑤ 給与支払日：給与（賞与を除く）は，毎月○日に締め切って計算
　　　　　　　　　　し，当月○日に（その日が金融機関の営業休業日で
　　　　　　　　　　ある場合はその前日）支払います。

　　⑥ 昇給・降給：甲の経営状態，乙の勤務成績，経験等を考慮して，
　　　　　　　　　　昇（降）給を決定します。

　　⑦ 賞　　　与：賞与は甲の業績に応じ，乙の勤務成績，能力評価な
　　　　　　　　　　ど総合的に勘案し，支給の有無，金額を個別に決定
　　　　　　　　　　します。

　　⑧ 退　職　金：退職金制度に基づき支給します。

◆ **賞与制度がない場合** の書き方例

⋮

⑦　賞　　　与：支給しません。

⋮

◆ **退職金制度がない場合** の書き方例

⋮

⑧　退　職　金：退職金制度はありません。

⋮

❗ 作成のポイント

・個別に決められた基本給，手当の種類と額を記載する。
・時間外手当などは，会社の指揮命令により，または会社から許可を受けて残業をした場合に支払われることを明記する。
・有期雇用契約社員向けの雇用契約書には，昇給・降給，賞与，退職金制度の有無を明記する。制度がない場合，必ず「ない」ということを記載する。

❗ 就業規則の整備ポイント

・給与は，給与規程で，手当の種類とそれぞれの意味合いを記載する。
・社会保険料，税金以外で賃金控除をする項目は労使協定を結ぶ。
・昇給・降給，賞与，退職金制度を整備する。
・有期雇用契約社員用の給与規程で，賞与，退職金の適用の有無を精査する。

賃　　　金→130ページ　　賃金控除→132ページ
割増賃金→135ページ　　昇給・降給→133ページ
退　職　金→134ページ

14

雇用契約書の書き方⑩
賃金〈定額残業制の場合〉

■ 定額残業制はポイントを押さえて記載する

　定額残業制は，あらかじめ一定時間の残業代を固定給として給与に組み込んでおく給与制度です。就業規則と雇用契約書のポイントを押さえて整備・運用しないと，リスクのある制度です。

　第３章でも説明したように，就業規則には，①定額時間外手当（みなし残業代）を手当（固定給）として支給すること，②定額時間外手当の手当の名称，③定額時間外手当に相当する残業時間数を超えた残業時間に対して割増賃金を支払うこと，を規定します。

　雇用契約書にも就業規則と同様のことを記載します。さらに，社員個別に設定した**定額時間外手当の金額**と，**定額時間外手当に相当する時間数**を記載します。

■ 定額時間外手当は基本給や他の手当と区別する

　「残業代は基本給に含む」としたり，「営業手当や役職手当は残業代の意味も含む」としたりしている会社がまだ多いですが，まず定額時間外手当は基本給や他の手当と混ぜ合わせず，「この手当は定額時間外手当だ」と一目でわかるように名称や意味合いもきちんと区別しておきます。さらに定額時間外手当＝時間外労働，深夜労働，休日労働に対する割増手当とせず，例えば時間外労働に対するものは定額時間外手当，深夜労働については定額深夜手当，休日労働は定額休日手当といったようにこちらも明確に区別しておきます。ただし，３種類すべてを定額制とする必要はありませんので，会社の勤務形態や実態に応じて，時間外労働については定額，深夜・休日については原則どおり時間精算と規定します。

◆ 賃金〈定額残業制〉の書き方例

> ・定額時間外手当　　○○○円
>
> ・定額深夜手当　　　○○○円
>
> ・定額休日手当　　　○○○円
>
> 割増賃金
>
> 　定額時間外手当は，時間外割増賃金として支給する手当です。
>
> 　（時間外労働　△△時間相当）
>
> 　定額深夜手当は，深夜割増賃金として支給する手当です。
>
> 　（深夜労働　△△時間相当）
>
> 　定額休日手当は，休日割増賃金として支給する手当です。
>
> 　（休日労働　△△時間相当）
>
> 　なお，支給した定額時間外手当額が一給与計算期間内の法定割増の額に不足する場合，その不足額を支給します。
>
> 　また，支給した定額時間外手当額が一給与計算期間内の法定割増の額を超過する場合であっても支給した定額時間外手当は減額しません。

❗ 作成のポイント

・定額時間外手当を，割増賃金の種類ごとに決める。
・定額時間外手当の金額と，相当する時間数を記載する。
・設定した時間数を超過した分の割増賃金を支払う旨を記載する。

❗ 就業規則の整備ポイント

・定額時間外手当（固定給）として支給することを明記する。
・定額時間外手当の名称を規定する。
・支給された手当が相当する時間数を超えた残業時間に対して，割増賃金を支払うことを明記する。

割 増 賃 金 →135ページ　　定額残業制→140〜145ページ

15 雇用契約書の書き方⑪

人事異動・休職（共通）

■ 異動・勤務形態が変わる可能性がある場合は念入りに

社員に人事異動制度が適用される場合は，雇用契約書上に，就業場所と業務内容に人事異動の可能性を書きますが，別に項目を立てて「人事異動命令に従う義務」について触れておきます。途中で勤務形態などが変更になる可能性がある場合も，それに従う義務について触れます。単に職務内容のところに，但し書きを入れたことで，安心してはいけません。

■ 休　　職

休職制度がある場合は，これを記載します。休職事由などが多岐にわたる場合，詳細の説明は「就業規則に定めるとおり」の記述でもよいでしょう。

有期雇用契約社員の休職制度については，前述（167ページ）のとおり，検討しなければなりませんので，有期雇用契約社員に適用される就業規則の整備もしておきましょう。

◆ 人事異動 の書き方例

```
【人事異動等】
第○条　乙は採用にあたっては，第○条（雇用契約）に定められた場所お
　　　　よび業務内容で就業しますが，甲の業務上の必要に応じ，配置転換
　　　　転勤および出向（業務派遣を含む）等の人事異動命令並びに勤務形
　　　　態等の変更命令に従わなければなりません。
```

◆ **休職制度がある場合** の書き方例

> 【休　　　職】
> 第○条　就業規則の定めるとおりとします。なお，入社から１年未満の者
> 　　　　は休職の適用を除外します。

◆ **休職制度がない場合** の書き方例

> 【休　　　職】
> 第○条　休職制度はありません。

！　作成のポイント

・人事異動の制度がある場合に「異動命令に従う義務」を明記する。
・休職制度は，「ある」か「ない」かを明記する。

！　就業規則の整備ポイント

・人事異動がある場合は，その制度がある旨と「従う義務」を書いておく。
・正社員・有期雇用契約社員ともに休職制度を整備する。

人事異動→163ページ　　休職制度→167ページ

■ 退職の手続きを書いておく

労働契約法によると解雇を含めた退職に関する事項は，採用時に明示しなければならない事項の一つです。退職はトラブルが多いところです。記載事項が多いため雇用契約書には「就業規則に従い」「就業規則の定めるところによる」と記載しますが，**就業規則を使って丁寧に説明するべきところ**です。

雇用契約書のそばに就業規則を置いて説明するのもよいですが，時間の許す限りオリエンテーションなどを開いて，解雇事由などを解説するとよいでしょう。

雇用契約書には，社員の都合で辞める自己都合退職で，守ってほしいことを主に記載します。退職届を何日前に会社に届け出るか，貸与品や債務の完納義務など退職にあたって社員が行わなければならない手続きなどです。

■ 就業規則でしっかりと整備を

退職事由や解雇事由を就業規則で規定しておかないと，退職時にトラブルになります。それぞれの事由を吟味して就業規則に定めておきます。

解雇のルール，自己都合退職のルールなどは就業規則上で整備し，社員に説明できるようにしておきます。

◆ **退職・解雇** の書き方例

【退職・解雇】

第○条　甲は，甲の定める就業規則に従い，乙に対し普通解雇，休職期間満了退職，懲戒解雇等を行うことがあります。その場合には甲は，解雇日１か月前までに乙に通知するよう努めるものとします。

2　解雇の事由については，甲の就業規則の定めるところによります。

3　自己の都合で退職しようとする場合は，退職する少なくとも１か月以上前までに甲に届け出るものとします。

4　乙は，退職または解雇の場合，甲からの貸与品および債務を退職日までに完納しなければなりません。

5　乙は，退職または解雇の場合，業務上の資料すべての書類および電子データを甲に返納しなければなりません。また，甲の許可なく廃棄してはなりません。

6　乙は，退職届と退職時の合意書を提出しなければなりません。提出のない場合は退職金の全部または一部を支給しません。

！ 　作成のポイント

・「就業規則に従う」の記述を入れる。代わりに，就業規則を使って十分な説明をする。
・退職時の守ってほしい手続きを明確にする。

！ 　就業規則の整備ポイント

・就業規則にあらかじめ書いてある事由でしか退職させることができない。解雇事由，退職事由を規定する。
・解雇のルール，自己都合退職のルールなどを整備する。

退　　職→152ページ，171ページ
解　　雇→158ページ，161ページ，171ページ

17 雇用契約書の書き方⑬

安全衛生義務（共通）

■ 安全衛生義務では社員の義務も明記する

　安全衛生に関する事項は，会社にその制度があれば，採用時に労働条件を明示しなければならない事項です。

　会社には社員の安全衛生に配慮する義務が定められています。労働時間数にもよりますが，年に一度の健康診断を実施するなどの義務がありますから，実質的には明示する必要があることになります。

　一方，社員の方にも，労務提供をするために自らの安全衛生や健康管理に気を配る義務があるとされています。雇用契約書では，安全衛生において会社の義務を記すと同時に，社員の義務にも触れておきます。

　会社が実施する健康診断や会社が指定する予防接種について，社員が拒否をしたときは，義務違反ということで懲戒処分となる場合があることを書いておきましょう。この場合，就業規則の中での安全衛生や懲戒処分の整備を忘れないようにしましょう。

◇安全衛生に関する労働者の義務

> **労働安全衛生法第４条**
> 　労働者は，労働災害を防止するために必要な事項を守るほか，事業者その他の関係者が実施する労働災害の防止に関する措置に協力するよう努めなければならない。

【安全衛生義務】

第○条　乙は，甲の定める安全衛生に関する規定および指示事項を守り，自己の安全遵守に留意し，自己または同僚に危険を与える行為を行ってはいけません。また，所定の衛生事項を遵守し，自己の日常の健康保持に努めるものとします。

2　甲は乙に対し，毎年１回の健康診断を実施し，乙は必ず受診しなければなりません。ただし週所定労働時間が正社員の４分の３未満の者は除きます。

3　労働安全衛生の観点から，甲が指定する予防接種の受診を命じられた場合には，乙はこれを拒否することができません。

4　乙が定期健康診断および甲指定の予防接種を拒否した場合，労務提供拒否または懲戒処分の対象となる場合がありますので，注意してください。

5　健康診断の結果，必要がある場合は医師の診断に従って就業を一定期間禁止し，または就業場所の転換，業務の転換，労働時間の短縮その他健康保護に必要な処置を命じることがあります。乙はこれに従わなければなりません。

❗ 作成のポイント

・社員の自己保健義務を明記する。
・会社は年に１回の健康診断を行い，該当する社員はこれを受診する義務を記載する。

❗ 就業規則の整備ポイント

・健康診断など，安全衛生に関する制度を整備する。
・会社と社員の安全配慮義務を明記する。
・安全衛生義務違反を懲戒処分の対象とするときは，安全衛生義務違反と懲戒処分規定をリンクさせる。

18

雇用契約書の書き方⑭

紛争の解決・合意管轄など（共通）

■ 雇用契約以外の事項について

雇用契約書で規定していない事項への対処の根拠を記します。就業規則で規定している場合は，「就業規則に定めるところによる」という一文を入れます。

■ 相談窓口について

パートタイマーなど短時間労働者については，雇い入れ時の文書による明示事項に「雇用管理の改善等に関する事項に係る相談窓口」があります。そのため有期雇用契約社員の雇用契約書には，相談窓口（担当者の氏名，役職，担当部署）など記載しておきます。

■ 紛争になった場合の解決について

万が一労使間で紛争が起こった場合，どこでどのように紛争解決手段を取るかを記載します。雇用契約書を作るのは，紛争の予防・解決のためでもあるのですから，紛争の解決手段・解決場所までは視野に入れておきます。

第1章でも触れたように，労使紛争はなるべく事業所内で労使の対話により解決するのが望ましいと考えます。

■ 合意管轄について

万が一，労使紛争を裁判で争うときに，どこの裁判所で行うかを決めておく条項です。訴訟の場所を記さないと，社員側が裁判所を指定してきてもめることがあります。

例えば，本社から離れた営業所でトラブルが起こった場合，対応は本社が行うのであれば，本社の管轄の裁判所で行う旨を記載するとよいで

しょう。移動にかかるコストや時間などを抑えられます。

　合意管轄は，文字どおり当事者間の「合意」がなければ成立しない事項ですから，雇用契約書に盛り込んでおきます。

■　付記事項

　第1章では，1年に1回，会社と社員との間で，雇用条件を確認し，同時に未払い残業代などの債権・債務がないこと，就業規則の変更内容についても確認しあうことを提案しました。これらを口頭ではなく書面上で行い毎年蓄積していくことで，社員の理解が深まれば，そもそもトラブルが起きづらくなるといえるでしょう。また，いざというときには，会社が説明したことや社員が確認し，その内容に合意したという証拠となります。入社時以降に取り交わす際は「債権債務がないこと」や，就業規則が改訂されたり，給与制度が変更されたりしたときには，「就業規則の変更に同意する」「給与制度の変更内容について説明を受けた」などを付記事項として雇用契約書に記載し，その他の労働条件とともに確認・同意を取ります。その際には，形式的な取り交わしではなく，実態が伴うように，丁寧に説明をした上で署名を求めるようにしましょう。

■　末文・日付・署名欄

　雇用契約書の最後に書く末文は，通常，契約内容で当事者間の合意が成立し，何通作成したかを記載して締めくくる文です。日付は，雇用契約書を交付した日を書きます。

　185ページでも説明したように，署名または記名・押印の形式にあまりこだわる必要はないでしょう。

◆　紛争の解決・合意管轄など の書き方例

【契約外の事項】
　第○条　本契約に定めのない事項については，甲の就業規則の定めるところによります。

【相談窓口】（短時間労働者は必ず記載）

第○条　雇用管理に関する相談窓口は，総務担当管理職とします。

【紛争の解決】

第○条　本雇用契約について甲と乙の間に紛争が生じた場合には，甲の就業規則に従い，双方誠意をもって自主的な紛争の解決を図るものとします。

【合意管轄】

第○条　甲および乙は，万一前条にて解決せず，紛争が生じた場合，本雇用契約に関する訴訟の管轄裁判所は，甲の本店所在地を管轄する地方裁判所とします。

付記事項

・雇用契約上の地位に関する問題と賃金（残業代等を含む）に関する債権債務について一切の紛争が存在しないことを確認します。

・□□□□年□月□日付けの就業規則の変更に同意いたします。

　　　　：

　　　　：

　本契約の成立を立証するため本書を2通作成し，甲乙双方の署名，または記名押印のうえ各1通を保有します。また，乙は，甲の提示した上記雇用契約書および付記事項に記載された一切について承諾したことを証します。

　　　　　　年　　　月　　　日

甲：　株式会社●●

　　　代表取締役　　●●　　　　　　　　　　　　　　　印

乙：　住所：

　　　氏名：　●●　　　　　　　　　　　　　　　　　印

・「紛争の解決」では，労使紛争に発展した場合，原則として会社の就業規則に基づいて自主的に解決することを明記する。
・「合意管轄」では，訴訟となる場合，裁判所は紛争を担当する本社などの管轄の裁判所で行うように記載する。
・１年に１度，債権・債務がないことや就業規則の変更について同意をとってもよい。

! 就業規則の整備ポイント

・紛争解決の手段と場所について，雇用契約書と同程度の記載をする。
・就業規則を変更するとともに，あわせて個別の同意を取る。

19

雇用契約書の書き方⑮

服務規律〈就業規則の抜粋〉（共通）

■ 就業規則からそのまま記載する

　服務規律は雇用契約書への明示が義務づけられてはいませんが，会社の基本的な考え方や仕事のルールを示すものです。就業規則で規定しているものですが，雇用契約に記載しておきます。会社で働いてもらうからには，「うちはこういうルールで働いてもらっている」「こういうことをしてもらっては困る」ということを最初にきっちり示して，理解してもらうのです。

　入社時に，就業規則を示しながら服務規律を説明するという方法もありますが，雇用契約書に記載しておけば，服務規律の内容を周知させ，「会社のルールに同意しました」という承諾も取りつけることができます。就業規則で規定している服務規律や懲戒事由をそのまま雇用契約書に抜粋するとよいでしょう。

　服務規律の中でも，競業避止，秘密保持など，違反すると会社に大きな損害を及ぼしかねない事項については，雇用契約書とともに，別途誓約書を用いて特別な合意をした記録を残しておきましょう。

◆ 服務規律 の書き方例

【服務規律】（抜粋）

第1条　従業員は，次に掲げる事項を守って業務に精勤しなければなりません。各号の一に反した場合は就業規則に基づき懲戒処分を実施する場合があります。

　⑴　遵守事項
　　・　常に健康に留意し，明朗はつらつたる態度をもって就業しなければなりません。

　⑵　誠実義務違反・反社会的・迷惑・不正行為等の禁止

- ・　会社の命令および規則に違反し，また所属長に反抗し，その業務上の指示および計画を無視してはなりません。

(3)　私的行為の禁止

- ・　会社と利害関係のある取引先から，金品ならびに飲食などの接待を受けたり，私事の事由で貸借関係を結んだりしてはなりません。

(8)　競業避止

- ・　会社の許可なく，在職中に競業行為や，本人もしくは第三者の利益を目的とした行為を行ってはなりません。

(9)　機密情報の保護

- ・　会社の内外を問わず，在職中または退職後においても，会社ならびに取引先等の機密，機密性のある情報，個人情報，顧客情報，企画案，ノウハウ，データ，ID，パスワードおよび会社が不利益と判断する事項を第三者に開示，漏えい，提供をしてはなりません。また，これらの利用目的を逸脱して取扱い，または漏えいしてはなりません。

❗　作成のポイント

・会社のルール全体を知らせ，ルールについての同意を得るため，就業規則から服務規律をそのまま掲載する。
・服務規律の中でも，特別な合意を取り付けた事項については，別に誓約書を取り付ける。

❗　就業規則の整備ポイント

・就業規則で服務規律と懲戒規定を整備する。

服　務　規　律→93ページ　　特別な合意→30ページ
誓　　約　　書→29ページ，71ページ

付　　録

雇用契約書
（正社員用）

サンプル

雇用契約書

　株式会社●●　（以下「甲」という）と●●（以下「乙」という）とは，甲が乙を雇用するにあたり，次のとおり雇用契約を締結します。本契約書に記載のない事項については就業規則の定めるところによります。

【誠実勤務義務】

第1条　乙は甲と本契約を締結するにあたり，甲の正社員として就業規則その他の規程および，指示・命令等を守り，誠実かつ忠実に勤務することを約束しました。

【雇用契約】

第2条　甲は乙を以下記載の労働条件で雇用します。

2　雇用期間：○年○月○日より期間の定めなし

3　試用期間：6か月

4　定　　年：60歳（65歳まで再雇用制度あり）

5　就業場所：本社（東京都●●　●−●−●）

　ただし，配置換え，転勤，出向により場所を変更することがあります。

6　業務内容：営業および甲が指示するあらゆる業務

　ただし，配置換え，職務転換等で当初の職務と異なる職務に就かせることがあります。

【労働条件】

第3条　乙の労働条件は以下のとおりとします。

① 出　勤　日：1年単位の変形労働時間制に基づき，会社カレンダーにより定めます。

② 休　　　日：少なくとも週1回の休日を付与するものとし，会社カレンダーにより定めます。

③ 休　　　暇：法定どおりに与えます。

④ 就業時間等：乙の所定労働時間，始業・終業の時刻等は原則として次のとおりとします。

始業時刻	終業時刻	1日の所定労働時間
9時00分	18時00分	8時間00分／日

始業および終業時刻は，業務の都合により，事前に予告して当該勤務日の所定労働時間の範囲内で，職場の全部または一部または各人において変更することがあります。労働時間とはあくまで甲の指示，命令の下に，要求する業務に従事している時間をいいます。甲の許可なく個人的判断で行っている任意の業務，または任意で行う業務技術向上のため訓練などは，労働時間として認識しません。

⑤ 休憩時間：休憩時間は60分とします。なお，業務量が増大し，乙への肉体的・精神的負担が強くなると甲が判断した場合は，休憩時間をさらにとらせる場合があります。

⑥　所定外労働時間：甲は，業務の都合により所定労働時間外，または休日に労働を命
ずることがあります。甲と労働者代表との間で特別条項付時間外
労働・休日労働に関する協定届を締結した場合，定められた限度
時間を超えて時間外労働をさせることがあります。ただし，その
場合でも甲は乙の健康に配慮し，長時間労働を可能な限り抑制す
るよう努めます。また，長時間労働により乙から健康障害の申し
出があり，かつ，専門家の意見に基づき甲が必要と認めた場合に
は，速やかに労働時間の短縮措置を講じます。

2　業務の都合により，やむを得ない場合は，前各号の事項について変更することが
あります。その場合，甲は乙に対して，事前に通知するものとします。

【給　　　与】
第4条　甲は，乙により労務の提供があった期間あるいはその業務の量に対し，次に
定められた給与を支払うものとします。
①　基　本　給：＿＿＿＿＿＿●●円
②　手　　　当：次に定める手当を支給します。
　　　　　　　　□□手当　　●●円
　　　　　　　　□□手当　　●●円
　　　　　　　　定額時間外手当　●●円
③　割 増 賃 金：定額時間外手当は時間外割増賃金として支給する手当です。
（時間外労働　○○時間相当）
なお，支給した定額時間外手当が一給与計算期間内の法定割増の
額に不足する場合，その不足額を支給します。
④　賃 金 控 除：甲は乙の給与から源泉所得税・住民税・対象者については雇用保
険料・社会保険料被保険者負担分を毎月控除します。
⑤　給与支払日：給与（賞与を除く）は，毎月●日に締め切って計算し，当月●日
（その日が金融機関の営業休業日である場合はその前日）に支払
います。
⑥　昇給・降給：甲の経営状態，乙の勤務成績・経験等を考慮して昇給または降給
を決定します。
⑦　賞　　　与：賞与は甲の業績に応じ，乙の勤務成績，能力評価など総合的に勘
案し，支給の有無，金額を個別に決定します。
⑧　退　職　金：退職金制度に基づき支給します。

【人事異動等】
第5条　乙は採用にあたっては，第2条（雇用契約）に定められた場所および業務内
容で就業しますが，甲の業務上の必要に応じ，配置転換，転勤及び出向（業務派遣
を含む）等の人事異動命令並びに勤務形態等の変更命令に従わなければなりません。

【休　　　職】
第6条　就業規則の定めるとおりとします。なお，入社1年未満の者は休職の適用を
除外します。

【退職・解雇】
第7条　甲は，甲の定める就業規則に従い，乙に対し普通解雇，休職期間満了退職，

懲戒解雇等を行うことがあります。その場合には甲は，解雇日1か月前までに乙に通知するよう努めるものとします。

2 解雇の事由については，甲の就業規則の定めるところによります。

3 自己の都合で退職しようとする場合は，退職する少なくとも1か月以上前までに甲に届出るものとします。

4 乙は，退職または解雇の場合，甲からの貸与品および債務を退職日までに完納しなければなりません。

5 乙は，退職または解雇の場合，業務上の資料等すべての書類および電子データを甲に返納しなければなりません。また，甲の許可なく廃棄してはなりません。

6 乙は，退職届と退職時の合意書を提出しなければなりません。提出のない場合は退職金の全部または一部を支給しません。

【安全衛生義務】

第8条 乙は，甲の定める安全衛生に関する規定および指示事項を守り，自己の安全遵守に留意し，自己または同僚に危険を与える行為を行ってはいけません。また，所定の衛生事項を遵守し，自己の日常の健康保持に努めるものとします。

2 甲は乙に対し，毎年1回の健康診断を実施し，乙は必ず受診しなければなりません。

3 労働安全衛生の観点から，甲が指定する予防接種の受診を命じられた場合には，乙はこれを拒否することができません。

4 乙が定期健康診断等および甲指定の予防接種を拒否した場合，労務提供拒否または懲戒処分の対象となる場合がありますので，注意してください。

5 健康診断の結果，必要がある場合は医師の診断に従って就業を一定期間禁止し，または就業場所の転換，業務の転換，労働時間の短縮その他健康保護に必要な処置を命じることがあります。乙はこれに従わなければなりません。

【契約外の事項】

第9条 本契約に定めのない事項については，甲の就業規則の定めるところによります。

【紛争の解決】

第10条 本雇用契約について甲と乙の間に紛争が生じた場合には，甲の就業規則に従い，双方誠意をもって自主的な紛争の解決を図るものとします。

【合意管轄】

第11条 甲および乙は，万一前条にて解決せず，紛争が生じた場合，本雇用契約に関する訴訟の管轄裁判所は，甲の本店所在地を管轄する地方裁判所とします。

付記事項

　　　　・雇用契約上の地位に関する問題と賃金（残業代等を含む）に関する債権債務について一切の紛争が存在しないことを確認します。

　　　　・〇年〇月〇日付けの就業規則の変更に同意いたします。

就業規則（抜粋）

服務規律

第1節　出退勤

【服務規律の基本】

第1条　社員は，この規則に定めるものの他，業務上の指揮命令を遵守し，自己の業務に専念し，作業能率向上に努め，互いに協力して職場の秩序を維持しなければなりません。

【出退勤】

第2条　社員は出退勤については，次の事項を守らなければなりません。

(1) 始業時刻前に出勤し，始業時刻とともに業務を開始しなければなりません。

(2) 始業時刻とは，始業準備を整えた上で実作業を開始する時刻をいい，終業時刻とは，実作業を終了する時刻をいいます。

(3) 始業時刻・終業時刻に，自ら会社の指定する方法により勤怠管理しなければなりません。他人に依頼し，または他人の依頼を引き受けてはいけません。

(4) 社員は，終業時刻前に更衣等の帰宅準備をしてはいけません。帰宅準備行為は，書類・パソコン・作業用具・車両その他業務に使用した物品を所定の場所に整理格納した後に行ってください。

〜〜〜〜〜〜〜〜〜〜〜〜〜〜〜〜〜〜〜〜〜〜〜〜〜〜〜〜〜〜〜〜

本契約の成立を証するため本書を2通作成し，甲乙双方の署名，または記名押印のうえ各1通を保有します。また，乙は，甲の提示した上記雇用契約書及び付記事項に記載された一切について承諾したことを証します。

　　　　　年　　　月　　　日

　　　甲：　株式会社●●　　　　　　　　　　　　　　　　　印
　　　　　　代表取締役　　●●

　　　乙：住所：
　　　　　氏名：　●●　　　　　　　　　　　　　　　　　　印

【著者プロフィール】

保険サービスシステムHD株式会社

代表取締役　橋本卓也

www.hokenss.co.jp

経営理念「ベストアドバイスルール」のもと，あらゆる選択肢の中からお客様に最も有利な選択肢を提供するコンサルティング会社。

グループに社会保険労務士法人を有し，中小企業の経営基盤強化のためのワンストップサービスを提供している。

＜主なサービス＞

●公的保険と民間保険を一元化したリスクマネジメント

●企業版FP（財務戦略・事業承継対策）

保険サービスシステム社会保険労務士法人

代表社員　伊藤幸広

代表社員　矢島秀悟

「中小企業の発展＋大切な社員を守る」を使命とし，就業規則の作成・労務管理・採用・福利厚生など，人事・労務の支援を行う。

独自開発の就業規則は「中小企業のリスクマネジメント」に特化しており，労務問題の専門弁護士チーム監修の元，労働関連法の改正や，時代の変化による新しいトラブル事例に対応した「年1回の更新サービス」が好評を得ている。

12名の社会保険労務士チームによる，労務問題や法律目線だけに寄らない経営感覚に優れたコンサルティングには定評があり，年間100回近く，経営者向けのセミナー・勉強会も開催している。

著者との契約により検印省略

平成27年3月20日　　初　版第1刷発行	
平成29年4月30日　　第2版第1刷発行	
平成30年1月20日　　第2版第2刷発行	
令和2年3月30日　　第3版第1刷発行	

労使トラブルを防ぐための
雇用契約書の作り方・活用法
〔第3版〕

著　　者	保険サービスシステムHD 株　式　会　社 保険サービスシステム 社会保険労務士法人
発行者	大　坪　克　行
印刷所	光栄印刷株式会社
製本所	牧製本印刷株式会社

発行所　〒161-0033 東京都新宿区
　　　　下落合2丁目5番13号
　　　　振　替　00190-2-187408
　　　　FAX　(03)3565-3391
　　　株式
　　　会社　税務経理協会
電話　(03)3953-3301（編集部）
　　　(03)3953-3325（営業部）
URL　http://www.zeikei.co.jp/
乱丁・落丁の場合は，お取替えいたします。

©　保険サービスシステムHD株式会社・
　保険サービスシステム社会保険労務士法人　2020
　　　　　　　　　　　　　　　　　　　　　Printed in Japan

本書の無断複写は著作権法上での例外を除き禁じられています。複写される
場合は，そのつど事前に，（社）出版者著作権管理機構（電話 03-3513-6969,
FAX 03-3513-6979, e-mail：info@jcopy.or.jp）の許諾を得てください。

JCOPY ＜（社）出版者著作権管理機構 委託出版物＞

ISBN978-4-419-06702-1　C3034